lonely planet

LILLE

EN QUELQUES JOURS

Alexandre Lenoir,
Bénédicte Houdré

Sommaire

Préparer son séjour

Avertissement

Au moment où nous terminions l'édition de ce guide, la pandémie de Covid-19 impactait fortement le monde du voyage. Les informations que vous trouverez dans cet ouvrage sont donc susceptibles de changements.

Renseignez-vous bien avant votre départ car la situation aura probablement évolué quand vous préparerez votre voyage.

Les tulipes d'Euralille, signées Yayoi Kusama

Explorer Lille 31

Vaut le détour

Hier et aujourd'hui 143

Carnet pratique 151

Coups de projecteur

Bienvenue à Lille

Architecture séduisante, prestigieux musées, hyperactivité culturelle, fêtes retentissantes et bonne chère... Lille, la chaleureuse, n'a pas besoin de soleil pour rayonner ! Outre les richesses de son patrimoine et sa convivialité légendaire, la capitale des Flandres déborde d'initiatives artistiques et culturelles. Si on lui ajoute sa créativité en matière de mode, sa vie nocturne pétulante et ses espaces verts, la métropole lilloise a décidément de quoi se rendre irrésistible, et mener la vie dure à l'ennui.

La Grand'Place (p. 34)

Les incontournables

Vieux-Lille

Ce quartier aux pavés disjoints rassemble des édifices exceptionnels, illustrant l'âge d'or de l'architecture flamande. Avec ses bonnes tables et ses cafés, c'est aussi l'un des plus conviviaux le soir venu. **p. 55**

AGE / PHOTONONSTOP ©

NICOLAS CHAUVEAU ©

Grand'Place

Cette esplanade, bordée de terrasses et de boutiques, est toujours très animée. Elle compte certains des plus beaux édifices de Lille, dont la Vieille Bourse. **p. 34**

J. BOUSEMART ©

Palais des Beaux-Arts de Lille

Un musée prestigieux grâce à sa dense collection sillonnant les grands mouvements européens du XIIe au XXe siècle. **p. 84**

ALEXANDRE LENOIR ©

La Piscine – musée d'Art et d'Industrie André-Diligent

Ce joyau Art déco invite à découvrir des œuvres incontournables des XIXe et XXe siècles dans un cadre extraordinaire. **p. 108**

LaM

Unique pour ses collections d'art moderne, d'art contemporain et d'art brut, enchanteur pour son architecture et son parc de sculptures ! **p. 132**

MUba Eugène-Leroy

Une scénographie qui fait dialoguer les artistes à travers les âges. **p. 122**

Gare Saint-Sauveur

Une gare devenue centre culturel novateur, ludique et familial ! **p. 95**

Bois de Boulogne

Ce parc cache la "reine des citadelles", signée Vauban. **p. 56**

Marché de Wazemmes

Un rendez-vous incontournable du dimanche matin. **p. 87**

Villa Cavrois

Fleuron de l'architecture moderne, cette remarquable villa, érigée en 1929, a été conçue par l'emblématique Robert Mallet-Stevens. **p. 128**

Se restaurer

SAMUEL DHOTE ©

La cuisine flamande tire parti de la mer du Nord pour mettre à sa table poissons et crustacés. Connue pour ses plats à la bière, elle accommode aussi avec talent volailles et lapins. Côté légumes, pommes de terre, chicons (endives) et poireaux sont en vedette. À l'est du département, l'Avesnois contribue à la recette grâce à ses délicieux fromages.

Pour savourer une authentique cuisine du Nord, dans une atmosphère chaleureuse, poussez la porte d'un estaminet. Lieux de sociabilité en Flandres au XIXe siècle, ils rassemblaient paysans et ouvriers. Ils venaient y fumer, boire une bière, du genièvre ou du café, échanger les nouvelles, jouer aux fléchettes ou… assister à un combat de coqs (p. 123). Aujourd'hui, les restaurants estampillés comme tels tentent de renouer avec ces anciens "salons du peuple" ou, au moins, avec l'esprit convivial qui y présidait. Nos bonnes adresses :

Bistrot Lillois (p. 66)

Au Soyeux (p. 65)

L'Gaïette (p. 99)

La Ducasse (p. 98 ; photo ci-dessus à droite)

Bistrot d'Angèle (p. 138)

Quelques plats incontournables

Carbonnade flamande Bœuf et oignons mijotés à la bière, à la cassonade et/ou au pain d'épice.

Potjevleesch Littéralement "petit pot" de viandes blanches en gelée, aux oignons et au vin blanc, servi froid, avec frites et salade.

Welsh Tranche de pain à la bière et au cheddar.

Flamiche Tarte ou tourte aux poireaux.

Waterzoï Poulet ou poisson, accommodés de légumes (céleri en branches, poireau, oignon), cuits avec du vin blanc puis nappés d'une crème.

Filet américain Tartare de bœuf à la mode belge, préparé avec une sauce.

Croquettes aux crevettes grises.

Chicons au gratin Roulade d'endives au jambon, sauce Béchamel ou au fromage local.

ALEXANDRE LENOIR ©

Fromages

Succulents dégustés seuls, les fromages régionaux entrent également dans la composition des plats.

Maroilles Né dans une abbaye près de Maroilles dans l'Avesnois, AOC, depuis 1955, c'est le plus connu de tous ! Et pour cause : tarte au maroilles, soupe au maroilles, sauce au maroilles...

Boulette d'Avesnes Originaire, lui aussi, de l'Avesnois, ce fromage à pâte molle odorant, aux herbes et aux épices (parfois) est affiné trois mois et lavé à la bière.

Boule de Lille Cette mimolette, désormais fabriquée dans la Manche, a gardé son nom d'origine.

Gourmandises

Gaufres Une institution. Fourrées à la cassonade, à la vanille ou simplement dorées, on les trouve chez Méert (p. 53) et à la boulangerie Brier (p. 80), comme la **cramique**, pain-gâteau aux raisins secs et au sucre perlé.

Spéculoos Biscuits à la cassonade, servis avec le café, en glace ou en confiture de lait. Chez Méert (p. 53), Méo'7 (p. 53) ou à L'Estaminette (p. 80).

Merveilleux Gâteau à la meringue, crème fouettée et chocolat, une référence ! Aux Merveilleux de Fred (p. 79) ou chez Méo'7 (p. 53).

Bonbons Chuques, au café et caramel, P'tit Quinquin au goût fruité, babeluttes à l'arôme caramel... sont plus consensuels que la pastille du mineur élaborée en 1958 par le confiseur Verquin pour soulager les bronches encombrées des mineurs (attention, goût costaud !).

La bière

Impossible de ne pas tremper ses lèvres dans une bière fraîche lors d'un séjour à Lille... "La bière, c'est de l'amitié liquide", déclarait Ronny Coutteure (1951-2000), homme des Flandres et biérologue accompli, qui ne boudait pas le délicat vocabulaire pour évoquer le délicieux breuvage : la mousse en est la fleur et trousser une bière revient à la goûter !

NICOLAS CHAUVEAU ©

Comment se fait une bière ?

La bière, c'est d'abord de l'eau et de l'orge germée et torréfiée, autrement dit du malt. À l'orge, on peut ajouter du riz, du maïs, des épices, des fruits, des baies, et, bien sûr, du houblon. Durant le brassage, les céréales sont moulues et versées dans une grande cuve d'eau chaude. Ce mélange donne le moût (sucré), qui est ensuite filtré. Lorsque la partie liquide est portée à ébullition, on ajoute le houblon (et, éventuellement, les épices ou les fruits).

La fermentation, au cours de laquelle on ajoute des levures, fabrique véritablement la bière. Le jus brassé est placé à une certaine température, dont le degré et la durée apportent une robe et un goût différents à la bière. Ainsi, une bière blonde (pils ou lager) est de fermentation basse (7-8° durant 8 jours au minimum) ; les bières dites de garde, d'abbaye ou trappistes (ale, stout ou blanche) ont une fermentation haute (15-20° durant 3-5 jours). Après l'avoir placée dans des cuves, on laisse la bière arriver à maturité, avant de la filtrer éventuellement.

Culture locale

Si la culture du houblon, plante grimpante pouvant atteindre 7 m de hauteur, est aujourd'hui anecdotique dans le nord de la France (à peine 25 ha qui s'aperçoivent notamment le long de l'A25), elle l'est beaucoup moins sur son territoire voisin : à Poperinge, l'un des premiers producteurs

NICOLAS CHAUVEAU ©

belges ! Ce sont les fleurs de houblon, très aromatiques, qui apportent son amertume à la bière.

Brasseries artisanales

À la fin du XIXe siècle, plus d'un millier de brasseries existaient dans le Nord. Il n'en subsiste qu'une trentaine, dont une dizaine de microbrasseries, comme Célestin dans le Vieux-Lille (p. 79) ou Moulins d'Ascq, installée dans la Ferme du Sens, à Villeneuve-d'Ascq (p. 139).

Bonnes adresses

B148 the Place to Beer Un vrai pub du Nord. (p. 48)

La Capsule Dans le Vieux-Lille, 27 bières artisanales sélectionnées par des passionnés. (p. 73)

Tir Na Nog Les meilleures stouts de Lille. (p. 102)

Le Lovibond Bon choix de bières artisanales en pression. (p. 100)

Célestin Microbrasserie dans le Vieux-Lille. (p. 79)

Les 3 Brasseurs Ce restaurant, situé en face de la gare Lille-Flandres, produit une bière de bonne tenue.

Estampillées nordistes

Commandez l'une d'entre elles et vous serez certain de déguster une bière régionale :

Grain d'orge blonde, forte en alcool (elle titre à 8°). Brasserie Grain d'Orge, à Ronchin.

Blonde et ambrée d'Esquelbecq Brasserie Thiriez, à Esquelbecq.

Trois-Monts, incontournable, et **Gavroche**, très alcoolisée. Brasserie Saint-Sylvestre, à Saint-Sylvestre-Cappel.

Ch'ti blonde, ambrée, brune, blanche ou **Ch'ti Triple**, très aromatique. Brasserie Castelain, à Bénifontaine.

L'Angélus, bière de garde aromatique. Brasserie d'Annœulin, à Annœulin.

La Moulins d'Ascq Une brasserie artisanale, à Villeneuve-d'Ascq.

Prendre un verre

Première ville estudiantine au nord de Paris, Lille abonde en bars ouverts aux belles rencontres : BCBG, branché, bohème, à bières (p. 13) ou à l'ambiance bonhomme... Que ce soit dans le Vieux-Lille, aux abords de la place Sébastopol, le long de la rue Masséna, chacun y trouve son bonheur !

ALEXANDRE LENOIR ©

100% lillois

L'Illustration QG des étudiants et des artistes depuis des lunes. (p. 74)

La Capsule Bières artisanales à tous les étages. (p. 73)

Fifi's Wine Bar Atmosphère décontractée et très festive dès que ce bar à vins se remplit. (p. 72)

Le Monde Moderne Chaleureux petit bar rétro à l'ambiance jazzy. (p. 47)

Au Parvis de la Treille Sur le parvis de la cathédrale, idéal pour une pause en terrasse. (p. 73)

Bars de nuit

Le Kremlin Bar à vodkas... inamovible. (p. 75)

La Pirogue Une rhumerie inoubliable ! (p. 74)

Le Bar Parallèle Vite bondé le soir. (p. 72)

Le Privilège Néons fluo et son électro. (p. 74)

Bars à cocktails

Le Windsor Un lieu sophistiqué, réputé pour ses excellents cocktails. (p. 47)

Little Havana. Le temple du mojito ! (p. 72)

Le Dandy Esprit *british* et nombreux cocktails aux teintes acidulées. (p. 72)

Cafés culture

L'Écart Intellectuel et tranquille le jour, il s'anime le soir. Musique éclectique de qualité. (p. 101)

La Biche et le Renard Une jeunesse branchée s'y retrouve, au milieu de pièces d'artisanat local. (p. 75)

Le Café Citoyen Boissons bio et riche programmation (conférences, musique, expos, braderies...). (p. 48)

Salons de thé

Tamper ! Expresso bar Un salon de thé moderne, idéal pour un *chaï*, un *latte* ou un smoothie, avec ou sans gâteau(x). (p. 71)

Elizabeth's Tout le cachet du Vieux-Lille pour déguster scones et cupcakes assortis d'un choix de thés. (p. 73)

L'Impertinente Le temple lillois des desserts sucrés. (p. 101)

Coffee Makers Un café cosy, aux (vrais) airs de *coffee shop* anglo-saxon. (p. 101)

Les braderies

DIDIER FÉRAT ©

Il n'y a pas que celle de Lille ! Tous les week-ends de l'année, qu'il vente ou qu'il pleuve, les braderies – dont les origines remonteraient aux foires médiévales – animent la métropole lilloise à l'échelle d'un quartier ou d'une ville. Ces vide-greniers attirent les "bradeux", un terme qui désigne autant l'acheteur que le vendeur, en quête de bonnes affaires.

Grande braderie de Lille

Chaque premier week-end de septembre, du samedi 13h au dimanche 23h, la braderie de Lille attire plus d'un million de visiteurs par an. Un moment idéal pour découvrir la ville à pied, la circulation automobile étant coupée sur les grands axes et les petites rues du centre-ville. C'est aussi l'occasion de s'imprégner de cette fameuse chaleur des gens du Nord et de faire la fête autour d'une bière et d'un plat de moules-frites. Considérée comme l'un des plus grands marchés aux puces d'Europe, elle est l'occasion de dénicher de belles trouvailles à petits prix.

Berlouffes

Une semaine après la braderie de Lille, les bradeux s'en vont aux Berlouffes à Wattrelos, au nord de Roubaix : 2 500 emplacements et 17 km de trottoirs avec pour finir un brûlage de berlouffes, terme de patois qui veut dire "chiffons" ou "guenilles".

À savoir

Toutes les braderies de la Métropole sont recensées sur le site **www.sabradou.com**. Pour les foires, bourses aux disques, brocantes : **www.vide-greniers.org/59-Nord/Lille-59**. À Lille, la cour intérieure de la **Vieille Bourse** (p. 35) accueille un marché aux livres et aux figurines de jeux.

L'architecture

Entre références flamandes, classicisme, Art déco ou modernisme, les architectures civiles et industrielles des bâtiments de Lille témoignent des heures prospères qu'a connues la Métropole du XVIIe siècle à nos jours.

Le Moyen Âge

Il reste peu de traces de l'époque médiévale. La **Noble Tour** (p. 94) est l'unique vestige de l'enceinte lilloise du XVe siècle. Ravagé par un incendie en 1916, le **palais Rihour** (p. 38) témoigne de l'architecture gothique de la ville.

L'âge d'or des Pays-Bas espagnols

Le XVIIe siècle marque l'épanouissement de l'architecture flamande à Lille, majestueusement incarnée par la **Vieille Bourse** (p. 35) et L'**Hospice Comtesse** (p. 60) ou la **Maison de Gilles de La Boé** (p. 59), ornée de guirlandes et de cornes d'abondance.

L'âge classique

En devenant française en 1667, Lille voit ses façades devenir plus rectilignes et moins exubérantes, à l'image du **rang de Beauregard** (p. 37). En construisant la **citadelle** (p. 57) et la **Porte de Paris** (p. 93) en hommage à Louis XIV, le vainqueur impose son style, et fait entrer Lille dans l'ère classique.

L'ère industrielle

Outre les **courées** (p. 89), les édifices liés à l'industrialisation foisonnent. Souvent construits en brique, beaucoup ont été revalorisés grâce aux initiatives culturelles : **La Condition Publique** (p. 112) et l'**usine Motte-Bossut** (p. 112) à Roubaix, ou encore les **Maisons Folie de Wazemmes et de Moulins** (p. 87 et p. 89) à Lille. À ces usines répondent les demeures des capitaines d'industrie, tel le **rang des Drapiers** (p. 111) à Roubaix.

ALEXANDRE LENOIR ©

L'éclectisme

Au tournant du XIXe siècle et du XXe siècle, le style néoclassique s'impose à Lille avec le **palais des Beaux-Arts** (1892) ou l'**Opéra** (1913). À la même époque, l'Art nouveau fait de timides apparitions, à l'image de la **Maison Coilliot** (p. 91), œuvre d'Hector Guimard. Briques et carreaux de faïence vernissée, bow-windows, façades à pignons, vitraux… L'architecture des maisons particulières emprunte également au style éclectique, où se côtoient références régionales et engouement pour l'Art nouveau. Les années 1930 signent l'avènement du néo-régionalisme qui, à l'image de la **chambre de commerce et d'industrie** (p. 37) ou du nouvel **hôtel de ville** (p. 92) à Lille, mêle Art déco et références au XVIIe siècle flamand. À Roubaix, **La Piscine** (p. 108) est un bel exemple d'édifice Art déco, construit entre 1927 et 1932.

L'architecture contemporaine

Réalisée en 1929 par Robert Mallet-Stevens, la **Villa Cavrois** (p. 128) ouvre la voie au mouvement moderne qui concilie fonctionnalité et esthétisme brut. Un leitmotiv que l'on retrouve à la fin du XXe siècle à **Euralille** (p. 39), quartier de verre, de béton et d'acier, œuvre de Rem Koolhaas, Jean Nouvel et Christian de Portzamparc. Le **LaM** (p. 132), qui associe un édifice des années 1980 à un second des années 2010, fait une heureuse synthèse de l'architecture contemporaine.

Culture et spectacles vivants

Danse classique ou contemporaine, théâtre, scène lyrique, cirque, performances... la riche palette créative de la Métropole ravira les amateurs de spectacles, quels qu'ils soient ! Capitale européenne de la culture en 2004, Lille a su prolonger l'événement grâce aux nombreux lieux culturels éclos ces dernières années.

Scènes prestigieuses

Le **Théâtre du Nord** (p. 49) forme, avec **L'Idéal** à Tourcoing (p. 126), le Théâtre national de Lille, scène reconnue, tout comme le théâtre **La Rose des Vents** (p. 139). Côté danse, le **Ballet du Nord** (p. 119) s'ouvre aussi à la musique et au théâtre. Pour les mélomanes, l'**Opéra de Lille** (p. 49), l'**Orchestre national de Lille** (p. 49) et l'**Atelier lyrique de Tourcoing** (p. 126) sont des incontournables. Les amateurs de cirque se rendront au **Prato** (p. 89) ou au **Centre régional des arts du cirque** (p. 78).

Friches métamorphosées

Depuis Lille 2004, capitale européenne de la culture, les institutions dédiées à la culture se sont multipliées. Les **Maisons Folie** se sont installées dans d'anciennes filatures ou bâtiments industriels. De belles réhabilitations en ont découlé, parfois audacieuses comme la réalisation de Lars Spuybroek à Wazemmes (p. 87 ; photo ci-dessus) ou la rénovation d'une brasserie à Moulins (p. 89). Ces maisons de la culture proposent tout au long de l'année événements et ateliers de diffusion artistique, partout dans la Métropole : à l'Hospice d'Havré (p. 124) de Tourcoing, à La Condition Publique (p. 119) de Roubaix, dans la Ferme d'en Haut (p. 134) de Villeneuve-d'Ascq ou au Colysée à Lambersart.

Le **Tripostal** (p. 50), ancien centre de tri du courrier dont les grands plateaux sont aujourd'hui dédiés à

BASILE VAILLANT ©

des expositions d'art contemporain, et la **Gare Saint-Sauveur** (p. 95), une gare de marchandises rénovée en 2009, font aussi partie des lieux accueillant **Lille3000** (☎ 03 28 52 30 00 ; www.lille3000.eu). Cette manifestation promeut tous les 3 ans plusieurs événements culturels d'envergure. Prévue pour animer l'année 2022, la 6e édition de cette triennale s'intitule Utopia.

Salles de concert

À côté de salles de concert de grande jauge comme **L'Aéronef** (p. 50), le **Grand Mix** (p. 126), le **Splendid** (p. 52) ou le **Zénith** (p. 52), s'agitent une multitude de cafés-concerts ou de lieux associatifs, en particulier à Wazemmes et Moulins. Rares sont les bars de la rue Masséna – la "rue de la soif" – ou du Vieux-Lille à ne pas accueillir petits concerts et DJ set le vendredi ou le samedi soir. Quant aux Lillois fans de musique électronique, ils ont pour habitude de filer en Belgique, réputée pour la qualité du son électro, rétro ou électro house de ses DJ. On les retrouve au festival N.A.M.E. (p. 25).

À savoir

Consultez l'agenda culturel de la Métropole dans l'hebdomadaire gratuit **Sortir** (www.lille.sortir.eu), dans le magazine gratuit **Let's motiv Nord** (www.letsmotiv.com) ou dans **La Voix du Nord** (www.lavoixdunord.fr).

Avec des enfants

ALEXANDRE LENOIR ©

Parc d'attractions, sports en intérieur, ateliers artistiques, musée aux parcours éducatifs spécialement étudiés pour les plus jeunes... la métropole lilloise regorge d'activités pour petits et grands !

Bol d'air

Avec les petits, direction le **parc de la Citadelle** (bois de Boulogne) pour découvrir les attractions de **Cita Parc**, s'amuser des cabrioles des singes du **zoo** (p. 57) ou prendre de la hauteur dans les arbres d'**Accrolille** (p. 57). À deux pas, au jardin Vauban, vous pourrez applaudir les **spectacles de marionnettes** du Petit Jacques (p. 63). Le **parc Barbieux** (p. 114) à Roubaix se prête aussi aux balades, à pied ou à vélo en famille. À Lille, vous pouvez également les emmener voir les animaux de la **ferme pédagogique Marcel Dhénin** (p. 39), installée au pied d'Euralille, dans le parc des Dondaines. Ou, pour ceux prêts à se satisfaire des aires de jeux traditionnels, au **parc Jean-Baptiste-Lebas** (p. 95).

Sports en salle

Pour s'éclater en skate, rollers, trottinette ou BMX, bienvenue à la **Halle de Glisse** (☎03 62 26 08 26 ; 343 rue de Marquillies ; entrée 2 €, location matériel 2-8 € ; ⏲horaires variables selon les activités, consultez le site Web). Pour les grimpeurs, attaquez-vous aux murs de **Climb up** (☎03 20 04 97 50 ; lille-villeneuvedascq.climb-up.fr ; 51 rue Trémière ; tarif plein/-12 ans 14/10 € ; ⏲lun-ven 10h-23h et sam-dim 9h-21h) à Villeneuve-d'Ascq.

Culture et savoirs

Pour les scientifiques en herbe, cap sur le **Forum des sciences** (p. 108) : les petits partiront, dès 5 ans, à la découverte de l'univers, tandis que

BASILE VAILLANT ©

les 7-12 ans s'initieront à l'écologie. Plongeon ludique dans l'art à **La Piscine** (p. 136) grâce à une tablette numérique adaptée aux plus jeunes ou grâce aux ateliers d'arts plastiques et appliqués du **LaM** (p. 132). Le **musée d'Histoire naturelle de Lille** (p. 91) propose des parcours sur mesure pour les plus jeunes. Tout comme la **Manufacture-musée de la Mémoire et de la Création textile** à Roubaix (p. 113), le **musée des Moulins** (p. 135) et le **musée du Terroir** à Villeneuve-d'Ascq.

Cinéma, jeux et spectacles

Pour une toile jeune public le mercredi ou le week-end, rendez-vous à **L'Hybride** (p. 104), à la **Gare Saint-Sauveur** (p. 95) ou à **L'Univers** (p. 89). La salle de musiques actuelles **L'Aéronef** (p. 50) propose des goûters-concerts avec les têtes d'affiche programmées en soirée. Le **cirque contemporain du Prato** (p. 89) propose des spectacles à destination du jeune public. Enfin, pour découvrir de nouveaux jeux de société avec les grands, réservez une table à **La Luck** (p. 77).

Mother in Lille

Le site **Mother in Lille** (www.motherinlille.com) regorge de bons plans et d'idées de sorties pour les enfants.

Plein air

Lille reste une ville très minérale et, à la notable exception du bois de Boulogne, les espaces verts à découvrir à pied ou à vélo ne sont pas légion. Pour de vraies échappées nature, mieux vaut quitter le centre-ville, en direction du sud vers les Weppes, ou à l'est pour gagner la campagne du Pévèle-Mélantois.

Val de Marque et parc du Héron

À 30 minutes en deux-roues du centre de Lille, le **Val de Marque** et sa **Chaîne des lacs** se prêtent à merveille à l'exploration nature. On peut y faire plusieurs promenades cyclistes, dont celles au départ du **parc du Héron**, à Villeneuve-d'Ascq. Véritable bol d'air, le **tour du lac du Héron** permet d'admirer fleurs et oiseaux, et se ponctue d'art moderne, contemporain et brut au LaM (p. 132). Il rejoint deux autres circuits : celui dit de la Marque à l'Arbre (1 heure 30 ou 3 heures 30) et la Boucle des Bonniers, vers Forest-sur-Marque.

Parc Mosaïc

Surnommé le "jardin des cultures", **Mosaïc** (☎03 20 63 11 24 ; www.enm-lille.fr ; rue Guy-Mocquet, Houplin-Ancoisne ; tarif plein/réduit 6/4 € ; ⏲avr-mai et sept-oct mer-sam 10h-18h, dim 10h-19h, juin-août lun-sam 10h-19h, dim 10h-20h, fermé fin oct-fin mars) forme un ensemble de dix jardins contemporains d'ici et d'ailleurs, évoquant les racines multiculturelles de la population du Nord. Il existe là une boucle de 2 km, ponctuée d'espaces ludiques (jeux de dames, constructions musicales). Petite restauration sur place.

Balade fluviale

En été, au départ de Tourcoing, le bateau-mouche *La Décidée* propose des balades fluviales commentées sur la faune et la flore, le long des berges du canal de la Deûle (☎03 20 63 11 23 ; quai du Halot, Tourcoing ; balade 1 heure/2 heures 3,50/5 € ; ⏲mar-dim).

SAMUEL DHOTE ©

Bords de Deûle

Ceignant la citadelle (p. 56-57), les rives de la Deûle offrent d'agréables promenades jusqu'à Lambersart. Une **coulée verte** suit le cours de la Deûle jusqu'à Deûlémont, où elle se jette dans la Lys. Vous passerez par des ports fluviaux, aux airs de campagne, comme **Wambrechies**.

La carte *La MEL à vélo* recense tous les circuits autour de Lille ; elle est téléchargeable sur le site de la Métropole : www.lillemetropole.fr

Canal de Roubaix

Roubaix et Tourcoing sont le point de départ d'une expédition le long du canal de Roubaix (p. 115). Témoins de l'ère industrielle, maisons pontières ou éclusières, faune et flore s'égrènent sur les chemins de halage menant jusqu'à Estaimpuis en Belgique.

À savoir

Avec les 200 stations **V'lille** (☎ 03 20 40 40 40 ; www.vlille.fr) disséminées dans toute la métropole lilloise, les amateurs de vélo pourront aisément circuler en ville. L'office du tourisme fournit un plan des pistes cyclables de la ville. Il est même possible d'embarquer sa petite reine dans le tramway.

Agenda

Musique, cinéma, théâtre, cirque, mode... C'est au printemps et à l'automne que Lille voit se multiplier les festivals artistiques. Autant d'occasions pour un séjour à la découverte d'une ville réputée pour son animation culturelle.

Février-mars

Art Up !

www.lille.art-up.com Foire d'art contemporain.

Maker Faire Lille

www.lille.makerfaire.com Stands, ateliers, spectacles... autour de la fabrication et de la créativité pour tous. Au Tripostal (p. 50).

Week-end Géant

Défilé des Géants à Tourcoing (voir p. 120).

Festival du Cinéma européen

www.eurofilmfest-lille.com Une semaine de projection de courts-métrages.

Entre Couleurs et Jardin

Festival dédié à la création théâtrale à l'Hospice d'Havré (p. 124).

Les Paradis Artificiels

www.lesparadisartificiels.fr Festival pop-rock et chanson dans plusieurs salles lilloises.

Séries Mania

www.seriesmania.com Festival international des séries télévisées, à Lille depuis 2018.

Vidéo Mapping Festival

www.videomappingfestival.com Une soirée pour redécouvrir 25 bâtiments et sculptures de Lille sous une autre lumière.

Avril

Le Printemps à Saint-Sauveur

www.lille3000.eu Expos, concerts, week-ends festifs... près de la Gare Saint-Sauveur.

Biennale internationale d'art mural (BIAM)

www.biam-npdc.blogspot.com Les artistes invités par le collectif RenArt habillent la ville de fresques murales.

Paris-Roubaix

www.paris-roubaix.fr Une course cycliste de 259 km, redoutée ("l'Enfer du Nord" !) en raison de ses tronçons pavés (55 km).

Mai

Wazemmes l'Accordéon

www.flonflons.eu Virtuoses de l'accordéon et artistes venus d'autres scènes.

Marché des Modes

www.maisonsdemode.com Les jeunes créateurs présentent leur collection. À Roubaix (également en décembre).

Juin

Deûle en Fête

www.valdedeule-tourisme.fr Balades sur la Deûle et spectacles le 1er week-end de juin.

Lille Piano(s) Festival

www.lillepianosfestival.fr Concerts, récitals et spectacles.

Latitudes Contemporaines

www.latitudescontemporaines.com Deux semaines dédiées à la création chorégraphique contemporaine.

Juillet-août

Festival Clef de Soleil

www.clefdesoleil.com Concerts de musique classique.

Septembre-octobre

Braderie de Lille

1er week-end de septembre (voir p. 15).

Festival du Court-Métrage

www.festivalducourt-lille.com Compétitions de courts-métrages.

Festival CineComedies

www.festival-cinecomedies.com Rétrospectives et rencontres autour du cinéma comique.

N.A.M.E. Festival

www.lenamefestival.com Le Nord Art Musique Électronique investit la Métropole.

Toiles dans la Ville

www.leprato.fr Trois mois de manifestations autour de la création circassienne.

Jazz en Nord

www.jazzenord.com Coup d'envoi, en octobre, d'un festival de plus de 6 mois !

Jazz Festival

www.tourcoing-jazz-festival.com Concerts en majorité à l'Hospice d'Havré (p. 124).

Novembre

Next

www.nextfestival.eu/fr Festival de danse et de théâtre en collaboration avec deux villes belges, Courtrai et Tournai.

LIGHT MOTIV ©

Nuit Détonnante

Tourcoing fête les Allumoirs, tradition du Nord célébrant l'arrivée de l'hiver : danseurs et musiciens défilent au côté d'enfants munis de petites lanternes.

Fête de l'Anim'

www.fete-anim.com Festival consacré à l'univers de l'animation, à l'Hybride à Lille.

Décembre

Braderie de l'Art

www.labraderiedelart.com Organisée par l'association artistique Art Point M, à La Condition Publique (p. 112), à Roubaix.

Nuit des Arts

Musées, galeries d'art et ateliers d'artistes de Roubaix ouvrent jusque 23h.

Festival Petits Pas

www.gymnase-cdc.com Festival jeune public de danse contemporaine.

Lille en 4 jours

Jour 1

ALEXANDRE LENOIR ©

Démarrez votre exploration sur la **Grand'Place** (p. 34), cœur du centre-ville et traversez la sublime **Vieille Bourse** (p. 35), fleuron de l'âge d'or espagnol. Plongez ensuite dans les **rues du Vieux-Lille** (p. 54) et son riche défilé de façades. Déjeunez à l'**Assiette du Marché** (p. 67) au **Rozo** (p. 69) ou chez **Bloempot** (p. 70). S'il fait beau, prenez le café sur le parvis de la **cathédrale Notre-Dame-de-la-Treille** (p. 60), puis allez visiter l'**Hospice Comtesse** (p. 60). Offrez-vous un goûter chez **Méert** (p. 53) ou chez **Tamper ! Expresso bar** (p. 71) avant d'écumer les boutiques alentour. Après un verre à **La Biche et le Renard** (p. 75), dînez dans un **estaminet** de la rue de Gand. Selon vos goûts, optez pour un ballet à l'**Opéra** (p. 49) ou partez faire la fête au **Tripostal** (p. 50).

Jour 2

ALEXANDRE LENOIR ©

Commencez la journée par un peu de vert ! Suivez les sentiers du **bois de Boulogne** (p. 56) jusqu'à sa **citadelle** (p. 57). Faites un tour au **zoo** (p. 57), ou bien poussez la balade au bord de la Deûle jusqu'à Lambersart. Pour déjeuner, le choix sera cornélien entre **Les Toqués** (p. 71), **La Crinière** (p. 69) ou le **Sébastopol** (p. 97). Cap ensuite sur le **palais des Beaux-Arts** (p. 84) et sa foisonnante collection, puis sur la **Porte de Paris** et le **beffroi de l'hôtel de ville** (p. 92) qui offre un panorama sur la ville. Prenez prétexte d'une expo à la **Gare Saint-Sauveur** (p. 95) pour voir ce lieu insolite, puis attablez-vous aux **Petits Poissons** (p. 98), à **Octopus** (p. 98) ou à **L'Avant-Scène** (p. 99). Restez dans le **"Quartier latin"** (p. 101) pour un dernier verre.

Jour 3

ALEXANDRE LENOIR ©

Quittez Lille de bon matin en tramway vers Roubaix. Commencez par **La Piscine** (p. 108), avant de fondre pour une pièce de créateur au **Vestiaire** (p. 121). Déjeunez bio et sain chez **Baraka** (p. 117), méditerranéen à **L'Étoile Syrienne** (p. 116) ou familial au **Café Jean** (p. 116). Revivez le passé textile à **La Manufacture** (p. 113) ou devant les façades du **rang des Drapiers** (p. 111). Gagnez le **parc Barbieux** (p. 114) puis la **Villa Cavrois** (p. 128), à Croix. Sinon, direction Tourcoing et les collections du **MUba** (p. 122). Le soir, optez pour un resto-concert au **Paradoxe** (p. 126) et l'**Hospice d'Havré** (p. 124), ou, à Roubaix, un spectacle à **La Condition Publique** (p. 119), après avoir goûté les tapas de **La Fabrica** (p. 117).

Jour 4

BASILE VAILLANT ©

Si votre dernier jour est un dimanche, ne manquez pas le **marché de Wazemmes** (p. 87) et son atmosphère animée. Enchaînez avec une expo à la **Maison Folie de Wazemmes** (p. 87) ou à **celle de Moulins** (p. 89). Un petit creux ? Cap sur **La Réserve** (p. 87). Poursuivez l'après-midi à Villeneuve-d'Ascq, dans un florilège d'art moderne, d'art contemporain et d'art brut au **LaM** (p. 132). Découvrez son parc de sculptures, puis faites le tour du **lac du Héron** (p. 134). De retour dans le centre de Lille, prenez un cocktail au bar **Gastama** (p. 77) ou à **Little Havana** (p. 72) et restaurez-vous à la **Brasserie André** (p. 45). Terminez en beauté par une pièce au **Théâtre du Nord** (p. 49) ou un concert à **L'Aéronef** (p. 50).

Les quartiers de Lille

Roubaix et Tourcoing (p. 107)

La page industrielle de la Métropole se tourne ici, dans ces anciens quartiers ouvriers, moteurs de la production textile : manufactures et entrepôts s'y muent en musées, fabriques culturelles et plateformes de créateurs.

Vieux-Lille et citadelle (p. 55)

Le séduisant quartier historique – ses rues pavées et ses façades couleur pain d'épice, sa kyrielle de cafés, restaurants et boutiques, son atmosphère bourgeoise et festive – et le parc de la Citadelle, nuée verte épousant les orbes de la Deûle.

Grand'Place et gares (p. 33)

Le cœur commerçant de Lille où s'affichent ses plus beaux édifices : la Vieille Bourse et le rang du Beauregard, symboles de l'âge d'or espagnol, et les audaces contemporaines d'Euralille.

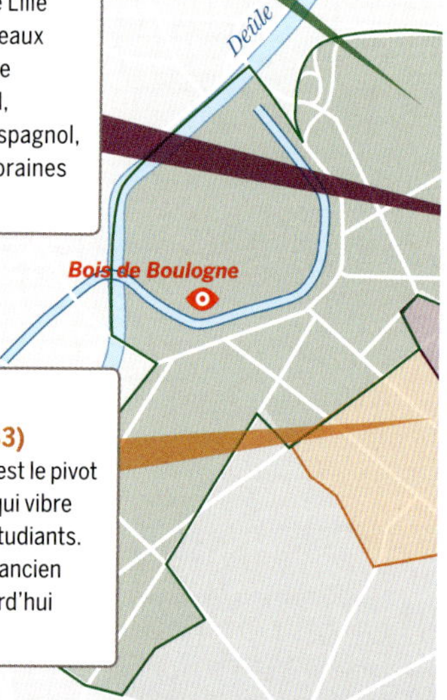

République et Saint-Sauveur (p. 83)

Le palais des Beaux-Arts est le pivot d'un quartier résidentiel qui vibre encore grâce à ses bars étudiants. Vers l'est, Saint-Sauveur, ancien bastion ouvrier, est aujourd'hui familial et bohème.

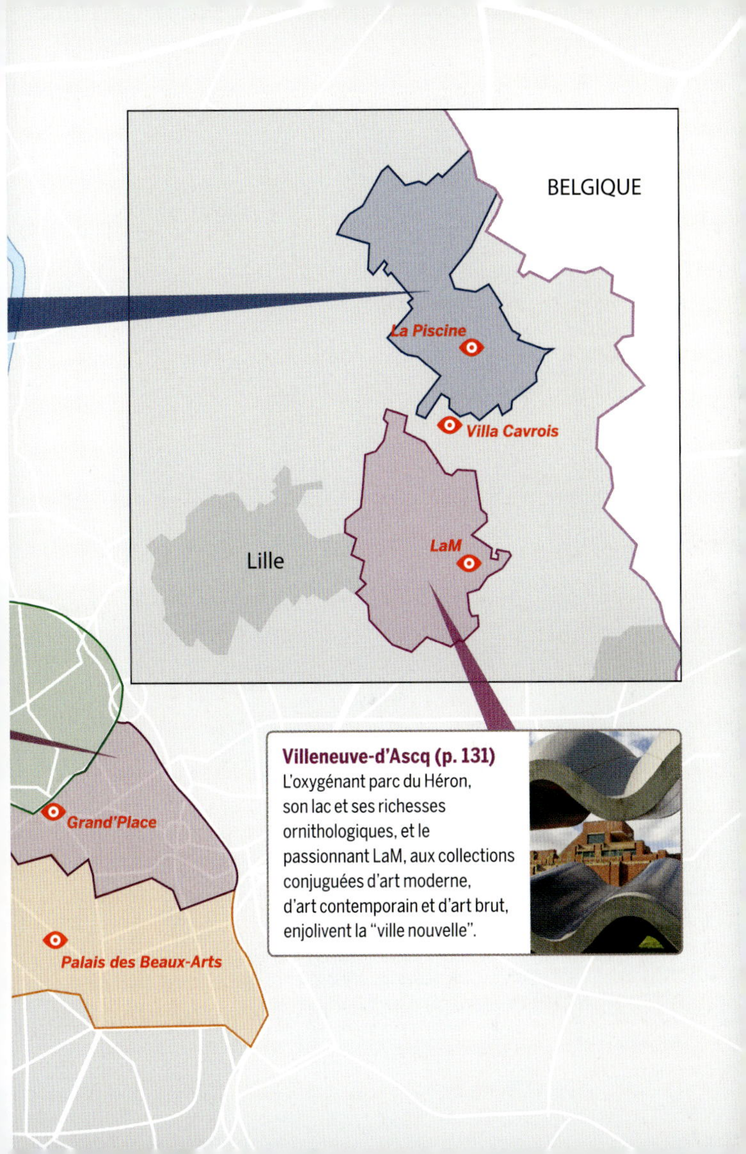

Villeneuve-d'Ascq (p. 131)
L'oxygénant parc du Héron, son lac et ses richesses ornithologiques, et le passionnant LaM, aux collections conjuguées d'art moderne, d'art contemporain et d'art brut, enjolivent la "ville nouvelle".

ies
Artdies

Explorer
Lille

Vaut le détour

Les plus belles promenades à pied

Une rue du Vieux-Lille (p. 55)

ALEXIS LESAFFRE / STOCK.ADOBE.COM ©

Explorer

Grand'Place et gares

Des gares à la Grand'Place, il n'y a qu'un pas, et quatre siècles d'histoire. Au nord, Euralille (p. 39), le quartier d'affaires, tout en géométrie et en verre, signé des meilleurs architectes contemporains, fourmille d'activité aux abords des gares et du parc Matisse. Autour de la Grand'Place, où se dresse la Déesse, sont regroupés les bâtiments les plus célèbres de la ville (p. 35-37). Dans un élégant face-à-face se toisent la Vieille Bourse et le rang de Beauregard, édifiés au XVIIe siècle, l'Opéra et le beffroi de la chambre de commerce et d'industrie érigés au début du XXe siècle.

Centre névralgique de la ville, la place du Général de Gaulle (le vrai nom de la Grand'Place) mène aux rues piétonnes commerçantes si l'on prend la direction des places Rihour et de la République ; ou vers les petites rues aux pavés disjoints, bordées de commerces de luxe aux superbes façades ornées, si l'on s'enfonce dans le Vieux-Lille (p. 55).

Comment y aller

Ⓜ Ligne 1 arrêt Rihour pour la Grand'Place

Ⓜ Ligne 2 arrêt Gare Lille-Flandres ou Gare Lille-Europe pour Euralille

Statue de la Déesse sur la Grand'Place (p. 34) ALEXANDRE LENOIR ©

Les incontournables

Grand'Place

Bordée de superbes édifices, la place Charles-de-Gaulle, ou Grand'Place, forme depuis des siècles le cœur de Lille – c'est sans doute ici que se trouvait le forum, la place commerciale, du bourg au haut Moyen Âge. L'animation continuelle, sur la place même et aux terrasses des cafés, reflète la convivialité propre aux Lillois. Récemment réaménagée, elle se présente désormais comme un lieu de rendez-vous où le piéton règne plus que jamais (presque) en maître.

PLAN K5

M Rihour

Vieille Bourse

Édifice le plus remarquable de la Grand'Place, la **Bourse** (dite Vieille Bourse aujourd'hui, photo à gauche ; place Charles-de-Gaulle ou Grand'Place ; mar-dim 13h-19h ; M Rihour) fut construite par Julien Destrée en 1652-1654, à la demande de riches marchands lillois, sur autorisation du roi d'Espagne, Philippe IV, puisque Lille faisait alors partie des Pays-Bas espagnols. L'architecte se serait d'ailleurs inspiré des Bourses d'Anvers et d'Amsterdam, plus anciennes. La Bourse est composée de 24 maisons particulières, doublées de comptoirs et d'échoppes au rez-de-chaussée et donnant sur une cour intérieure. Elle rappelle la vocation marchande de Lille, grande ville drapière dès le Moyen Âge. Son architecture est l'aboutissement du style flamand, dont existent d'autres exemples avec les maisons des grands bourgeois de la ville, comme celle de Gilles de La Boé (p. 59). Ses façades montrent le talent des tailleurs de pierre : elles sont ornées de guirlandes, de cornes d'abondance (symbole de la prospérité) et de cariatides ; le petit campanile rappelle les beffrois du Nord (fierté municipale), et les quatre portes arborent en emblème les lions de Flandre et la fleur de lys (symbole de la ville). Elle abrite un marché permanent de livres anciens et d'occasions, et parfois des joueurs d'échecs.

Colonne de la Déesse

Au centre de la place, la colonne de la Déesse fut érigée en 1845. Tenant en main un boutefeu pour allumer les canons, cette allégorie de Lille commémore la résistance victorieuse de la ville face au siège de l'armée autrichienne en 1792. En face, vous ne pouvez manquer Le Furet du Nord, longtemps la plus vaste librairie de France. Datant de 1934, l'immeuble du quotidien régional *La Voix du Nord* (www.lavoixdunord.fr) est impressionnant avec sa façade à pignons. Les blasons des villes correspondaient

★ À savoir

- De juillet à septembre, tous les dimanches entre 19h et 23h, des démonstrations de tango investissent la cour intérieure de la Vieille Bourse.
- Depuis le confinement du printemps 2020, la Grand'Place ainsi qu'une vingtaine aux alentours sont entièrement piétonnes le samedi de 10h à 19h.

Une petite faim ?

Face à l'hôtel Carlton, **Le Présentoir** (**29** plan L5 ; 06 44 64 43 29 ; www.lepresentoirlille.fr ; 24 rue Pierre-Mauroy ; mer-sam 12h-14h 18h-23h, dim 18h-23h) et le **We are Ara** (**30** plan L5 ; 03 20 65 45 68 ; 13 rue Pierre-Mauroy ; lun-sam 9h-23h) sont deux adresses sympas plébiscitées pour la fraîcheur et l'inventivité de leurs petits plats.

à chaque édition du journal (elles sont moins nombreuses aujourd'hui). Au sommet, trois statues d'or incarnant la Flandre, le Hainaut et l'Artois. Son rez-de-chaussée accueille désormais une galerie marchande.

Grand-Garde

Près de la rue Neuve qui ouvre l'entrée d'un quartier piétonnier, l'ancien Grand-Garde (1717) est occupé par le Théâtre du Nord (voir p. 49). Construit dans un style classique après la conquête française, il abritait la garnison des soldats du roi stationnant dans la ville.

Opéra

Situé sur la place du Théâtre, au nord de la Vieille Bourse, l'**Opéra** (☎ 03 62 21 21 21 ; www.opera-lille.fr ; place du Théâtre ; Ⓜ Rihour) fut érigé entre 1907 et 1923. Il a remplacé un premier théâtre, édifié en 1785 et détruit par un incendie en 1903. Louis-Marie Cordonnier (1854-1940) fut chargé de construire une autre salle de spectacle de belle ampleur ; il imagina un édifice de style néoclassique somptueux, tant à l'extérieur qu'à l'intérieur, et une salle à l'italienne. Depuis sa réhabilitation en 2003, l'Opéra fait preuve d'un fort dynamisme créatif, accueillant notamment en résidence des artistes internationaux de la scène lyrique et de la danse contemporaine (p. 49).

Rang de Beauregard

Situé en face de la chambre de commerce, le rang de Beauregard fut élevé en 1667 par l'architecte Julien Destrée, à la demande du magistrat de la ville. Les façades de ces demeures bâties sur un même plan, avec une boutique en rez-de-chaussée, sont ornées de motifs en vogue à l'époque : angelots, guirlandes de fleurs et de fruits. Des boulets datant du siège de 1792 sont encore incrustés dans la pierre.

Chambre de commerce et d'industrie

Cet édifice (1906-1921) de style néoflamand, inscrit au titre des monuments historiques, reprend des éléments décoratifs du rang de Beauregard. C'est encore Louis-Marie Cordonnier qui présida à sa construction. Son beau beffroi, surmonté d'une horloge à quatre cadrans, témoigne, du haut de ses 76 m, de la prospérité marchande de la ville (voir p. 145). Son carillon entonne régulièrement le célèbre air du *P'tit Quinquin* (voir p. 42) et celui de *L'Hymne à la joie*. N'hésitez pas à monter les marches de l'édifice pour pénétrer dans le hall d'accueil doté d'une superbe verrière et de fresques qui évoquent la riche histoire économique de la capitale des Flandres.

Grande verrière, chambre de commerce et d'industrie
ALEXANDRE LENOIR ©

Voir

Place Rihour

POINT DE RENDEZ-VOUS

1 PLAN K6

On y accède depuis la Grand'Place par la **rue Rihour**. Dans cette dernière, remarquez, derrière les tables en terrasse et les devantures des cafés, les façades des deux rangées de maisons qui se font face : étroites et décorées typiques du XVIIe siècle côté pair, plus épurées datant du XVIIIe siècle, côté impair.

Monument aux morts et palais Rihour

PATRIMOINE

2 PLAN K6

Sur la place Rihour, le monument aux morts (1924) cache en partie les vestiges du palais Rihour, l'un des édifices les plus anciens de la ville. Construit sous le règne du duc de Bourgogne Philippe le Bon, entre 1457 et 1462, il a abrité l'échevinage après 1664 et fut en grande partie détruit par un incendie en 1916. Subsistent la salle des gardes, au rez-de-chaussée (où est installé l'office du tourisme), et la salle du conclave (l'ancienne chapelle ducale), où le magistrat de la ville édictait ses lois et rendait la justice. On y accède par un bel escalier du XVe siècle. Faites le tour du palais pour apprécier sa tour, l'un des rares témoins de l'architecture gothique de la ville. (42 place Rihour ; gratuit ; lun-sam 9h30-18h, dim et jours fériés 10h-16h30, fermé 1er jan, 1er mai, 25 déc ; M Rihour)

Euralille

ALEXANDRE LENOIR ©

Église Saint-Étienne PATRIMOINE

3 PLAN J6

Depuis la place Rihour, empruntez la rue de l'Hôpital-Militaire pour rejoindre l'église Saint-Étienne. D'inspiration baroque, elle fut construite au milieu du XVIIIe siècle pour servir de chapelle au collège jésuite attenant. Elle accueille de belles toiles de l'école flamande du XVIIe siècle (*Les Noces de Cana*, *Les Docteurs de l'Église*). (03 20 54 60 31 ; 47 rue de l'Hôpital-Militaire ; lun-sam 14h30-17h ; M Rihour)

Euralille ARCHITECTURE

4 PLAN O5

Pour créer ce "morceau de ville", consacré au monde des affaires, et propulser ainsi Lille au rang des métropoles européennes, l'ancien maire Pierre Mauroy (1928-2013) n'a pas eu froid aux yeux. Dessinée par l'architecte Rem Koolhaas, cette vaste composition urbaine faite de verre, de métal et de pierre a vu intervenir quelques-uns des meilleurs urbanistes et architectes contemporains. Commencé en 1995, le troisième quartier d'affaires de France continue à se densifier autour de sa gare TGV internationale, la **gare Lille-Europe**, vitrine de verre au toit ondulé, longue de 400 m. La fresque monumentale, signée Jean Pattou, qui habille les murs de la station de métro représente des bâtiments de Lille mêlés à ceux des capitales du monde entier. La gare est enjambée par la tour de Lille – tour de bureaux également surnommée la "chaussure de ski" –, signée Christian de Portzamparc. Sur le parvis se font face deux œuvres signées de deux figures de l'art contemporain : "Bob", une baraque à frites onduleuse dessinée par l'artiste Erwin Würm et le bouquet chatoyant des "Tulipes de Shangri-La" de la Japonaise Yayoi Kusama. En descendant vers la gare Lille-Flandres, le centre commercial Euralille, avec ses façades verticales vitrées caractéristiques, est l'œuvre de Jean Nouvel. (www.euralille.com ; lun-sam 9h-20h30 ; M Gare Lille-Flandres ou Lille-Europe)

Bon plan

La **C'ART** (www.lacart.fr ; solo/duo/-de 26 ans 40/60/20 € ; achat sur le site ou au palais des Beaux-Arts, p. 84) vous offre un accès illimité pendant un an à 12 musées de la métropole lilloise, parmi lesquels les trois grands musées lillois : le palais des Beaux-Arts, le musée de l'Hospice Comtesse et le musée d'Histoire naturelle. La Piscine (p. 108) à Roubaix, le MUba (p. 122) à Tourcoing et le LaM (p. 132) à Villeneuve-d'Ascq font aussi partie des sites partenaires.

Ferme pédagogique Marcel Dhénin ANIMAUX, ATELIERS

5 PLAN P5

Spectacle étonnant que ces vaches, ces ânes et ces cochons au pied des tours d'Euralille. Animations tout au long de l'année (jardinage, cuisine, apiculture...). (03 20 55 16 12 ; 14 rue Eugène-Jacquet, parc des Dondaines ; gratuit ; mar-ven 9h-18h, sam-dim 10h-12h et 14h-18h, jusqu'à 17h en hiver ; M Lille-Europe)

Jardin des Géants

PARC

6 PLAN O2

À deux pas de la gare Lille-Europe, bambouseraies et sculptures d'osier géantes se reflètent dans les bassins de ce parc, protégé de la frénésie urbaine par de hautes palissades végétalisées. Considéré avec malice comme le mausolée de Pierre Mauroy qui s'est personnellement impliqué dans sa conception, ce jardin joliment dessiné cache **Le By's** (03 20 06 25 25 ; www.by-s.fr ; lun-ven 11h-minuit, dim 11h-20h), un bar-restaurant dont la terrasse est idéale pour bouquiner ou papoter. (rue du Ballon ; M Gare Lille-Europe)

Porte de Roubaix

MONUMENT

7 PLAN N4

Cette jolie porte fortifiée, toute de briques rouges et bordée par une corniche crénelée, a été construite lors de l'extension des remparts en 1620. Elle commandait alors un pont-levis. Les rails enchâssés dans les pavés témoignent du passage entre 1875 et 1966 de la ligne de tramway reliant Lille à Roubaix. Dans la même rue, au n°45, l'hôtel d'Hailly d'Aigremont, du XVIIIe siècle, abrite un commandement militaire. (rue de Roubaix ; M Gare Lille-Flandres)

Parc Matisse

PARC PAYSAGER

8 PLAN N4

Derrière la porte de Roubaix, ce parc dessiné par le paysagiste Gilles Clément accueille une étonnante forêt inaccessible, perchée à 7 m de hauteur sur un socle de terre rappelant un bastion disparu des anciennes fortifications de Vauban. Il est bordé par une caserne militaire du XVIIe siècle sur laquelle est venu s'adosser en 2018 un hôtel-restaurant panoramique de la chaîne Mama Shelter. (M Gare Lille-Europe)

Musée des Canonniers sédentaires de Lille

HISTOIRE

9 PLAN M4

De l'autre côté du parc Matisse et du boulevard Carnot, au cœur de l'ancien couvent des sœurs urbanistes, ce musée associatif expose cartes anciennes et armes de diverses époques, dont les fameux Gribeauval, deux pièces de canon exceptionnelles, offerts par Napoléon Bonaparte pour récompenser les canonniers lillois de leur bravoure lors du siège autrichien de 1792. (03 20 55 58 90 ; 44 rue des Canonniers, entrée rue des Urbanistes ; sam 10h-17h, 18h avr-oct, fermé 22 déc-5 jan et jours fériés ; 5 €, gratuit -de 15 ans ; M Gare Lille-Europe/Gare Lille-Flandres)

"Rendez-vous avec Romy" de Xavier Veilhan

Gare Lille-Flandres PATRIMOINE

10 PLAN N5

La gare Lille-Flandres possède sa petite histoire : sa façade est celle de la première gare du Nord parisienne, démontée pierre par pierre et édifiée à Lille en 1867, plusieurs années après l'inauguration de la première liaison ferroviaire entre les deux villes (1846). La halle qui surplombe les quais date des années 1889-1890 et fut construite par l'entreprise métallurgique Fives-Cail, basée à Lille. Quant au buste orange de la jeune femme qui accueille les voyageurs sur le parvis, il s'intitule "Rendez-vous avec Romy" (photo ci-dessus) et est signé de l'artiste Xavier Veilhan. (place de la Gare)

Église Saint-Maurice PATRIMOINE

11 PLAN M6

Tout près de la gare, à l'entrée des rues piétonnes, ce bel édifice gothique flamboyant des XIVe-XVIe siècles fut restauré au XIXe siècle. Plusieurs nefs juxtaposées donnent à l'ensemble une ampleur impressionnante et créent une "forêt de piliers" à l'intérieur. Cette église-halle (le vaisseau central est de la même hauteur que les vaisseaux collatéraux) abrite de nombreux tableaux du XIXe siècle en provenance des anciens couvents de la ville. Vous y verrez les vitraux d'un maître verrier lillois, Charles Gaudelet, datant de la fin du XIXe siècle. (03 20 06 07 21 ; rue Pierre-Mauroy, ex-rue de Paris ; lun

Le P'tit Quinquin

Hymne officieux de la ville, repris par le carillon de certains beffrois, *L'canchon dormoire*, littéralement "chanson pour dormir", plus connue sous le nom de *P'tit Quinquin*, a été écrite en 1853 par le chansonnier populaire lillois Alexandre Desrousseaux. Elle raconte, en ch'ti, les difficultés d'une dentellière du quartier Saint-Sauveur à faire dormir son enfant. Rue Nationale à deux pas de la Grand'Place, une allégorie de la comptine orne l'entrée du square Foch, rebaptisé par ses riverains "square du P'tit Quinquin". Rappelons aussi que Pierre Mauroy, maire emblématique de la ville de 1973 à 2001, était gentiment surnommé "Gros Quinquin" par ses administrés. Preuve supplémentaire de l'attachement des Lillois à ce nourrisson célèbre.

ven 11h-18h, sam 11h-19h, dim 14h-20h ; M Gare Lille-Flandres)

Cimetière de l'Est

PROMENADE MÉMORIELLE

12 PLAN P2

À deux pas de la gare Lille-Europe, cet ancien parc devenu cimetière a conservé son caractère paysager, ce qui en fait un lieu de promenade agréable, à condition de ne pas être incommodé par la compagnie des morts. Les sépultures tantôt modestes, tantôt monumentales reflètent l'histoire de la ville marquée par une forte proximité entre familles populaires et bourgeoises. Avisez la belle statue en bronze de la violoncelliste Eliza de Try ornant sa sépulture au côté de personnalités tels le général Faidherbe et les anciens maires socialistes Roger Salengro et Pierre Mauroy. (03 62 26 08 24 ; tlj 8h-17h ; M Lille-Europe)

Se restaurer

Le RamDam

CANTINE €

13 PLAN K5

Les initiés louent la tranquillité de cette cantine cachée au rez-de-chaussée du Théâtre du Nord. On y déguste des scones au petit matin, des soupes et d'excellents bowls le midi, de bons gâteaux maison à l'heure du goûter… en écoutant discrètement les conversations des artistes en répétition. (03 59 51 79 17 ; 4 place du Général-de-Gaulle ; plats 6-14 € ; mar-sam 11h30-19h, ouverture les soirs de spectacle ; M Rihour)

Friteries Meunier

FRITES €

14 PLAN K5

Il exhale de ces trois "baraques" ouvertes sur des endroits stratégiques (Grand'Place, place de la Gare et rue de Béthune) une senteur irrésistible. Celle des frites cuites au gras de bœuf, dans la pure tradition flamande. Pour déguster vos cornets (ou votre box de 1 kg) accompagnés de croquettes (crevettes, maroilles ou cheddar), préférez les terrasses chauffées à la petite salle à l'étage... sauf à vouloir imprégner vos vêtements de cette fragrance caractéristique du Nord en souvenir. (☎ 09 73 28 57 19 ; 56 place du Général-de-Gaulle, 6 rue de Béthune, 14 place de la Gare ; cornet 2,90-9,90 € ; ⏲ lun-dim 11h-22h30 ; M Rihour ou République)

Le Voltaire

CRÊPERIE €

15 PLAN K5

Une envie de crêpes et de galettes à toute heure ? Vous êtes au bon endroit. Elles seront préparées devant vous, tandis que vous vous calerez confortablement dans une banquette rétro, ou humées depuis l'étage, dans un cadre Art déco méritant à lui seul le détour. L'adresse ne se nomme plus tant elle va de soi, et ce depuis des générations. (☎ 03 20 54 82 08 ; 12 rue Nationale ; crêpes 3,30-10,20 € ; ⏲ lun-sam 9h30-21h ; M Rihour)

Réveille

CANTINE BRANCHÉE €€

16 PLAN L5

L'équipe qui faisait tourner Le Pain quotidien a pris son indépendance en 2020. De l'ancienne adresse, ils ont gardé la fraîcheur et la qualité des produits. Salade César, assiette saumon ou végé... des plats légers que l'on déguste avec une eau parfumée au concombre. Les desserts sont bons et pas chers, l'ambiance décontractée

ALEXANDRE LENOIR ©

Le Voltaire (ci-contre)

et chaleureuse. Petit-déj jusqu'à 11h30 (3,90-7,50 €) et copieux brunch (24 €) le week-end de 10h à 16h. (☎ 03 20 65 45 68 ; 14 rue Pierre-Mauroy ; plats 11,90-14,90 € ; ⏲ tlj 9h-18h ; M Rihour)

La Chicorée

BRASSERIE €€

17 PLAN K6

On y mange correctement, mais la réputation de l'établissement tient davantage au fait qu'il reste ouvert toute la nuit. On s'y réchauffe au petit matin, après une nuit festive, d'une gratinée à l'oignon, d'un onglet à l'échalote ou d'une carbonnade. Cette brasserie centenaire, aux tables innombrables, propose également une belle terrasse – couverte et chauffée en hiver. (☎ 03 74 44

80 69 ; www.brasserie-lachicoree.fr ; 15 place Rihour ; plats 8,90-19 € ; dim-jeu 7h-4h, ven-sam 7h-6h30 ; M Rihour)

Les Compagnons de la Grappe TERROIR EN TERRASSE €€

18 PLAN K4

Cette adresse est surtout appréciée aux beaux jours pour son agréable terrasse, nichée dans une jolie cour intérieure égayée de vigne vierge. Côté cuisine, on revisite les classiques de la brasserie et de la cuisine régionale – carbonnade à la ch'ti ambrée, crumble de saumon à la moutarde, tarte au maroilles... –, sans fausse note ni réel brio. Large carte des vins. (03 20 21 02 79 ; 26 rue Lepelletier ; plat du jour midi 9 €, plats 14-18 € ; tlj midi et soir ; M Rihour)

Happy F'eat BIO €€

19 PLAN J6

Sans gluten, sans lactose, et bio ! Une adresse dans l'air du temps, qui remet les pendules à l'heure : manger sain peut aussi être savoureux. Au choix, chaque semaine à l'ardoise, deux plats végétariens, un poisson et un plat carné élaborés à partir de produits de saison, et des desserts à ravir les gourmands. Le cadre est chaleureux, et le personnel sympathique. Brunch le dimanche. (03 28 14 18 59 ; 106 rue de l'Hôpital-Militaire ; plats 13-17 €, menu midi 18-24,50 € mar-sam 12h-14h, jeu-sam 19h30-21h30 ; M Rihour)

Le Pot Beaujolais TERROIR €€

20 PLAN L6

Une cuisine du terroir (escargots de Bourgogne maison, andouillette grillée, petit salé aux lentilles vertes du Puy), servie dans un cadre de "bouchon lyonnais" où se mêlent habitués et gens de passage dans une joyeuse ambiance. Terrasse en été et salle à l'étage pour discuter au calme. Côté vins, honneur aux crus du Beaujolais et aux côtes-du-rhône, évidemment. (03 20 57 38 38 ; www.le-pot-beaujolais.fr ; 26 rue Pierre-Mauroy, ex-rue de Paris ; plats 16-22 € ; mar-sam 12h-14h30, 19h-22h30 ; M Rihour)

Le Fossile VIANDE €€

21 PLAN J5

Quel est ce fumet qui enveloppe cette adresse à deux pas de la place Rihour et qui vous met d'emblée l'eau à la bouche ? Celui de l'onglet aux échalotes, spécialité de la maison depuis 30 ans. Découpé devant vous, il est servi avec des frites fraîches. La pièce de boucher peut sembler un peu chère, mais elle est succulente. Le cadre – briques et poutres apparentes – est à l'image du service : chaleureux ! (03 20 54 29 82 ; www.lefossile.com ; 60 rue Saint-Étienne ; plats 18-25 € ; lun-sam midi et soir ; M Rihour)

Le Court Debout BISTRONOMIE €€

22 PLAN K7

Dans une rue tranquille, près du centre piétonnier, une jolie salle Art déco à l'ambiance décontractée sert d'écrin à une cuisine originale et délicate, qui jongle entre plats traditionnels et tapas inventives. Le must, lorsque le soleil est de la partie : la terrasse au calme, en plein centre-ville. (☎03 52 79 00 52 ; www.le-court-debout.com ; 24 rue du Court-Debout ; plats 20-23 €, menus 25-28 € ; ⏲lun-sam 12h-14h 19h30-21h30 sauf mar soir ; Ⓜ Rihour)

Brasserie André BRASSERIE €€€

23 PLAN K7

Au cœur de la très animée rue de Béthune, cette table intemporelle fait partie des valeurs sûres de la ville. Classiques de brasserie, acoquinés de plats régionaux et cadre Art déco élégant. Plus que recommandable, le foie de veau maison ou le filet américain (steak tartare pour les non-initiés), accompagné de délicieuses frites maison. (☎03 20 54 75 51 ; www.brasserieandre.fr ; 71 rue de Béthune ; plats 19-32 € ; ⏲lun-jeu 11h-14h30 19h-23h, ven-dim 11h-23h ; Ⓜ Rihour)

Jour de Pêche PRODUITS DE LA MER €€€

24 PLAN K5

L'une des meilleures adresses de la ville pour se régaler d'une douzaine d'huîtres ou de poisson frais, à accompagner d'un verre de vin blanc. Les produits sont de qualité, variant au gré de l'arrivage et cuisinés avec finesse. Le cadre est cosy et lumineux, le service efficace et discret. Une formule à 19,80 € est proposée le midi. Bon plan, formule plat-dessert à 27 €

Fête de Noël sur la Grand'Place (p. 34)

avant ou après les concerts de l'Orchestre national de Lille (voir p. 49). (☎ 03 20 57 60 59 ; www.jour-de-peche.fr ; 2 rue de Pas ; plats 25-33 €, menus 39-52 € ; ⏲ tlj midi et soir, fermé le mer ; Ⓜ Rihour)

Laksøn GASTRONOMIE SCANDINAVE €€€

25 PLAN K5

Si les saveurs nordiques attisent votre curiosité, poussez la porte de cette boutique-traiteur spécialisée en gastronomie scandinave. Le restaurant feutré qu'elle dissimule assouvira vos envies d'évasion : saumon mariné à l'aneth, œufs brouillés et pommes rôties ; rumsteck de renne ; hareng à la crème... C'est léger et copieux à la fois. Vous pourrez profiter d'une cour intérieure, couverte et chauffée l'hiver. Un menu est proposé le midi à 21 €. (☎ 03 20 31 19 96 ; www.lakson.fr ; 21 rue du Curé-Saint-Étienne ; plats 17-32 € ; ⏲ restaurant mar-sam 12h-14h et 19h30-22h30 ; boutique mar-jeu 10h30-14h30 et 17h-21h30, ven-sam 10h30-21h30 ; Ⓜ Rihour)

Monsieur Jean GASTRONOMIE INVENTIVE €€€

26 PLAN L5

Cette adresse cache le repaire lillois de Marc Meurin, chef doublement étoilé à Busnes dans le Pas-de-Calais. S'y orchestre, dans un décor classique, une cuisine gastronomique de saison, inventive, jouant de-ci de-là avec les saveurs du monde. En prime, une salle romantique est aménagée à l'étage, avec vue sur l'Opéra – demandez la petite table près de la fenêtre –, et une formule est proposée le midi en semaine, à prix abordable (27 €). L'adresse est aussi courue pour ses guimauves maison à emporter. (☎ 03 28 07 70 72 ; www.restaurant-monsieurjean.fr ; 12 rue Pierre-Mauroy, ex-rue de Paris ; plats 26-35 €, menus 33-65 € ; ⏲ tlj 12h-14h 19h-22h sauf dim soir ; Ⓜ Rihour)

L'Odyssée des Sens BRASSERIE CHIC €€€

27 PLAN K5

Ouverte en mars 2020, cette brasserie raffinée où l'on mange confortablement assis sur des fauteuils en velours a gardé de L'Écume des mers qui occupait les lieux une carte centrée sur le poisson. Mais la sole meunière et les brochettes de saint-jacques grillées laissent désormais un peu de place aux entrecôtes et onglets à l'échalote. Tous très bien préparés. Bar à huîtres à partir de 17h. L'été, grande terrasse très agréable sur la place du Nouveau-Siècle. (☎ 03 20 54 95 40 ; www.lodysseedessens.fr ; 10 rue de Pas ; plats 18-39 €, menu midi 15,50-24,50 € ; ⏲ lun-sam 11h-23h dim 12h-14h30 ; Ⓜ Rihour)

Club Marot BISTRONOMIE €€€

28 PLAN K5

Parti à la retraite, Clément Marot a laissé les fourneaux à son fils et à son neveu. Le jeune duo fait mieux que supporter la comparaison en apportant une touche d'inventivité à la cuisine traditionnelle qui distingue toujours l'établissement. Laissez-vous tenter par le menu surprise en 4 ou 5 plats (45/55 €). Le cadre est classique et raffiné, le service attentionné, mais l'atmosphère détendue. (☎03 20 57 01 10 ; www.clubmarot.com ; 16 rue de Pas ; plats 25-38 €, menu midi/soir 28/34 € ; ⏲lun-sam 12h-14h 19h-22h ; Ⓜ Rihour)

Prendre un verre

Le Monde Moderne CAFÉ

31 PLAN L5

Vous pourrez choisir entre une mousse ou un cocktail sur cette petite terrasse, campée sur les pavés jouxtant la Vieille Bourse. Si la météo ne s'y prête pas, installez-vous à l'intérieur de ce chaleureux petit bar rétro à l'ambiance jazzy. Lieu de rendez-vous des cyclistes qui apprécient cette petite rue piétonne, à 50 m de la Grand'Place, un endroit idéal pour garer leurs biclous. (☎06 65 62 88 90 ; 12 rue des Trois-Couronnes ; ⏲lun-jeu 17h-minuit, ven 18h-1h, sam 18h-2h ; Ⓜ Rihour)

Le Windsor BAR À COCKTAILS

32 PLAN K5

Un lieu sophistiqué réputé pour ses excellents cocktails. Afterwork en première partie de soirée et DJ set du jeudi au samedi soir. Ambiance (très) tamisée et branchée. (☎03 61 50 34 60 ;

Le Café citoyen (p. 48)

5 rue Jean-Roisin ; ⏲lun-jeu 18h-2h, ven-sam 18h-3h, dim 19h-1h ; Ⓜ Rihour)

Au Royaume des Rêves PUB LOUNGE

33 PLAN K5

Excepté les moulures murales et le volume impressionnant des salles, il ne reste plus rien des anciens cinéma porno et maison close qui occupaient les lieux. Au rez-de-chaussée, ambiance pub sportif, avec retransmission de matchs de foot ou de rugby. Atmosphère plus clubbing à l'étage. (☎03 20 57 55 66 ; www.omnia-restaurant.com ; 9 rue Esquermoise ou 4 rue de Pas ; plats 14,50-22,90 € ; ⏲dim-jeu 12h-16h et 18h-23h30, ven-sam 12h-minuit ; Ⓜ Rihour)

L'Opéra (ci-contre), pilier de l'art lyrique dans la Métropole

B148 the Place to Beer

BIÈRES

34 PLAN K7

Si vous êtes venu à Lille pour goûter les bières du Nord, vous êtes au bon endroit ! Au zinc, vous avez le choix entre 26 bières à la pression et 130 en bouteilles (dont 85 belges, rendons à César...). Fléchettes, flipper, baby-foot, grand écran à l'étage diffusant les affiches de foot à l'attention d'une clientèle branchée qui déborde sur le trottoir, même quand il fait froid. Un vrai pub du Nord. (☎ 06 95 41 51 02 ; 148 rue du Molinel ; ⏲ lun-jeu et dim 18h-minuit, ven 16h-1h, sam 16h-2h ; Ⓜ République)

Le Café Citoyen

BAR ENGAGÉ

35 PLAN K7

Si vous vous préoccupez de l'environnement ou de la marche du monde, ou si, simplement, vous appréciez les atmosphères franches et décomplexées, allez prendre un verre au Café Citoyen. Pour le corps : des boissons bio ou issues du commerce équitable, en semaine, des petits-déjeuners et quelques plats du jour le midi (10 €). Pour la tête : bibliothèque, conférences, soirées musicales, expositions, braderies solidaires... (☎ 03 20 13 15 73 ; www.cafecitoyen.org ; 7 place du Vieux-Marché-aux-Chevaux ; ⏲ lun-jeu 11h-minuit, ven 11h-1h, sam 14h-1h ; Ⓜ République-Beaux-Arts)

Sortir

Le Golden Wave

CLUB

36 PLAN L4

Amateur de techno et d'électro, passez votre chemin. Dans ce club minuscule et surchauffé qui a fêté son quart de siècle en 2018, on se déhanche et on joue du air guitar sur les tubes indémodables de Blur, AC/DC ou Téléphone. Vodka sanguine (le cocktail maison), décor gothique, mais clientèle sage et décontractée, où se côtoient étudiants, trentenaires et quadras, nostalgiques des années 1980-1990. Fumoir à l'étage, propices aux (belles) rencontres. (03 20 55 61 01 ; 7 rue des Arts ; mar-sam 23h-7h ; M Rihour)

Orchestre national de Lille

OPÉRA

37 PLAN J5

Fondé en 1976 par Jean-Claude Casadesus et dirigé depuis 2016 par le jeune chef Alexandre Bloch, l'ONL, fort d'une centaine de musiciens, réconcilie exigence et démocratisation de la grande musique. Au programme : concerts symphoniques, chefs d'orchestre invités ou compositeurs en résidence, ateliers d'écoute, mini-récitals, etc. (03 20 12 82 40 ; www.onlille.com ; Nouveau Siècle, 30 place Mendès-France ; accueil et réservation lun-ven 10h-18h ; billets 19-55 €, 5 € -16 ans ; M Rihour)

Théâtre du Nord

THÉÂTRE

38 PLAN L5

Siège d'un centre dramatique national et d'une école de théâtre reconnue – consultez l'encadré p. 51 –, cette institution regroupe deux salles : l'une à Lille, l'autre à Tourcoing (L'Idéal, 19 rue des Champs, p. 126). (03 20 14 24 24 ; www.theatredunord.fr ; 4 place du Général-de-Gaulle ; accueil du public ou réservations mar-sam 12h30-19h ; billets 5-25 € ; M Rihour)

Opéra de Lille

OPÉRA, MUSIQUE, DANSE

39 PLAN L5

Une scène prestigieuse (voir aussi p. 37), essentiellement dédiée à l'art lyrique, du baroque à nos jours. Mais la foisonnante programmation accorde aussi une large place à la danse contemporaine et s'ouvre aux musiques classiques et traditionnelles du monde. Concerts le mercredi à 18h (10 €), du baroque à la musique du monde, et séances régulières pour le jeune public. L'Opéra se visite en accès libre lors des Journées du patrimoine et des Happy Days, 3 journées à thème (2 dédiées aux adultes et 1 aux enfants) échelonnées au long de l'année. (03 62 21 21 21 ; www.opera-lille.fr ; entrée rue Léon-Trulin ; M Rihour)

Le Métropole

CINÉMA

40 PLAN M5

Repris par l'UGC et associé au Majestic (voir ci-contre). Douze salles pour une programmation d'art et d'essai et des sorties nationales. (www.lemetropole.com ; 26 rue des Ponts-de-Comines ; 7-9,80 € ; M Gare Lille-Flandres ou Rihour)

Le Majestic

CINÉMA

41 PLAN K7

Programmation d'art et d'essai et sorties nationales. (03 28 52 40 40 ; www.lemajesticlille.com ; 54 rue de Béthune ; M Rihour ou République-Beaux-Arts)

Le Tripostal

SOIRÉES, CONCERTS

42 PLAN N5

Surnommé "Le Tripo", l'ancien bâtiment de tri du courrier, accolé à la gare Lille-Flandres, a été transformé à l'occasion de Lille 2004, capitale européenne de la culture, en un lieu de dialogue artistique et culturel. Désormais incontournable, il accueille régulièrement de grandes expos d'art contemporain (notamment celles de Lille 3000, prolongation de Lille 2004), des concerts et des soirées. (03 20 14 47 60 ; avenue Willy-Brandt ; mer, jeu, dim 10h-19h, ven-sam 10h-20h ; M Gare Lille-Flandres)

L'Aéronef

CONCERTS

43 PLAN O5

Ouvert en 1989 dans un local de la rue Colson, L'Aéronef a déménagé à Euralille en 1995. Il a alors perdu de son charme mais gagné en moyens et en capacité d'accueil pour atteindre les 2 000 places. La programmation est dense et éclectique, allant du post-

Place du théâtre (p. 37)

De la Salamandre au Théâtre du Nord

Au milieu des années 1970, la compagnie de la Salamandre (avec Gildas Bourdet) s'installe dans un ancien cinéma de Tourcoing, L'Idéal. En 1989 est inauguré le théâtre Roger-Salengro, dans l'ancien Grand-Garde (p. 37), à Lille, avec Gildas Bourdet toujours aux commandes. Deux ans plus tard, il cède la place à Daniel Mesguich, et La Salamandre devient La Métaphore. En 1998, le New-Yorkais Stuart Seide s'empare du lieu, rebaptisé Théâtre du Nord, avant de laisser la main de 2013 à 2020 au metteur en scène Christophe Rauck. Depuis 2002, le Théâtre du Nord est associé au théâtre L'Idéal deTourcoing. Née en 2003, l'École professionnelle supérieure d'art dramatique (Epsad), renommée l'École du Nord, forme tous les trois ans des talents connus et reconnus au niveau national. Chaque promotion de jeunes acteurs est associée au théâtre le temps d'une saison, lui conférant une double identité, celle d'un lieu de création et de transmission.

rock au world en passant par le hip-hop ou la pop. Il organise des goûters concerts destinés au jeune public. (03 20 13 50 00 ; www.aeronef.fr ; 168 avenue Willy-Brandt ; billetterie mer 12h-19h et 1 heure avant le spectacle ou à la boutique Les Intrépides, 45 rue de la Clef lun-sam 10h30-19h, dim 11h-17h ; billets 5-20 € ; M Gare Lille-Flandres)

Le Singing Studio

KARAOKÉ PRIVATIF

44 PLAN 06

Des studios de karaoké privatifs... et insonorisés pour pouvoir chanter entre amis (entre 4 et 25 personnes) sans avoir peur du ridicule. (03 20 15 87 89 ou 07 81 21 24 75 ; www.singing-studio.com ; 777 pont-de-Flandres ; 10-20 €/pers pour 2 heures ; lun-dim 14h-23h ; M Gare Lille-Europe)

Casino Barrière

JEUX

45 PLAN 05

Le casino par excellence : 9 tables de jeu permettent de s'adonner à la roulette anglaise, au Texas Hold'em Poker ou au black jack. Une "poker room" est dédiée au poker, et les machines à sous, dernière génération, sont au nombre de 300 ! (03 28 14 47 77 ; www.casino-barriere-lille.com ; 777 pont de Flandres ; tlj 10h-4h, jeux de table lun-sam 19h-4h, dim 17h-4h ; M Gare Lille-Europe)

Théâtre du Casino

SPECTACLES

VOIR 45 PLAN 05

Cette salle de 1 200 places, dotée des dernières technologies, peine parfois à se réchauffer. Variétés française et internationale, comédies musicales, humour, danse, théâtre et jazz toute l'année. (☎03 28 14 47 77 ; www.casino-barriere-lille.com ; 777 pont de Flandres ; Ⓜ Gare Lille-Europe)

Zénith

CONCERTS ET SPECTACLES

46 ✪ PLAN P7

La salle peut recevoir jusqu'à 7 000 personnes, lors d'événements de grande ampleur. (☎03 20 14 15 16 ; www.zenithdelille.com ; 1 bd des Cités-Unies ; Ⓜ Lille-Grand-Palais)

Le Splendid

CONCERTS ET SPECTACLES

✪ HORS PLAN

Cette salle "roots" et pleine de bonnes vibrations peut accueillir jusqu'à 900 personnes (500 assises). Née en 1997 dans un ancien cinéma, elle est située à Fives de "l'autre côté du périph" et abrite le label Vérone Music. Programmation éclectique : metal, rock ou chanson française. Quelques soirées sont dédiées à l'humour. (☎03 20 56 46 16 ; www.le-splendid.com ; 1 place du Mont-de-Terre, Lille-Fives)

Shopping

Quantité de boutiques et de grandes enseignes jalonnent la Grand'Place, la rue Neuve et la rue de Béthune, au cœur de la zone piétonne. Et si vous n'avez toujours pas trouvé votre bonheur, tentez votre chance au centre commercial Euralille, entre les gares Lille-Flandres et Lille-Europe.

Méert (ci-contre)

ALEXANDRE LENOIR ©

Philippe Olivier

FROMAGES

47 PLAN K5

Cette boutique est réputée pour le choix de ses producteurs. On y trouve les meilleurs fromages d'une région experte en la matière (boulette d'Avesnes, de Cambrai, Cœur d'Arras...). Plus d'information sur les fromages p. 11. (03 20 31 94 74 ; www.philippeolivier.fr ; 3 rue du Curé-Saint-Étienne ; lun 14h30-20h, mar-ven 10h-20h, sam 8h30-20h ; M Rihour)

Benoit Chocolatier

CHOCOLATS

48 PLAN L5

C'est l'un des meilleurs artisans chocolatiers de la Métropole. Parmi ses spécialités figurent les orangettes et les croquants, des rectangles d'amandes caramélisées nappés de chocolat noir aux éclats de noisette. Boutique également dans le Vieux-Lille (77 rue de la Monnaie), ouverte le dimanche matin. (03 20 31 69 03 ; 11 place du Théâtre ; lun 14h-19h, mar-sam 10h-19h ; M Rihour)

Méert

CHOCOLATS, BONBONS ET GAUFRES

49 PLAN K5

Cette maison renommée, précisément pour ses célèbres gaufres fourrées à la vanille, officie depuis 1849 dans un édifice classé monument historique. Belles pâtisseries et confiserie/chocolaterie ; salon de thé (excellent chocolat chaud !) et restaurant (p. 109) à l'arrière. Les fameuses gaufres (17,50 € les 6) et autres gâteaux alléchants attirent la foule, qui ne regarde pas à la dépense. (03 20 57 07 44 ; www.meert.fr ; 27 rue Esquermoise ; lun 14h-19h30, mar-ven 9h30-19h30, sam 9h-19h30, dim 9h-19h ; M Rihour)

Méo'7

CAFÉS ET DOUCEURS

50 PLAN K5

En vente ici, du café fraîchement torréfié, dont des grands crus, du café bio et issu du commerce équitable, mais également un florilège de thés, de spéculoos et de gaufres... Sans oublier le célèbre "Merveilleux de Fred" (voir p. 79), une douceur à base de meringue, incontournable à Lille. Possibilité de déguster sur place, au bar ou dans la salle du haut, un peu plus confortable. (03 20 57 34 54 ; www.meo.fr ; 5 place du Général-de-Gaulle ; lun-sam 8h-19h ; M Rihour)

Rue des
VIEUX MURS
CRÊPE MAISON
GLACES
CAFE
ESTAMINET

Explorer

Vieux-Lille et citadelle

Cœur historique de la ville, le Vieux-Lille, avec ses rues pavées, enserrées de maisons à arcades et de façades colorées, sert d'agréable décor à un quartier bourgeois très animé, commerçant et festif. Ici, les becs fins trouveront leur bonheur en poussant la porte des nombreux restaurants qui se bousculent autour de l'église Sainte-Catherine, de la cathédrale Notre-Dame-de-la Treille ou du musée de l'Hospice Comtesse (p. 60). Les fans de shopping partiront à l'assaut des boutiques de luxe et de création qui jalonnent les rues de la Monnaie, de la Grande-Chaussée ou de la Clef.

Le Vieux-Lille jouxte, à l'ouest, le bois de Boulogne (p. 56), poumon vert de la ville qui accueille la "reine" des citadelles. On s'y rend en famille pour les animaux du zoo et les manèges du parc d'attractions. Ou bien en amoureux pour une balade le long de la Deûle entrecoupée d'un repas dans l'un des restaurants haut de gamme (p. 68), postés à la frontière avec Lambersart. Au sud, le quartier Vauban – et ses demeures bourgeoises du XIXe siècle – est le fief de l'université catholique de Lille.

Comment y aller

M L'arrêt Rihour (ligne 1) est le plus proche du Vieux-Lille. Arrêt Canteleu (ligne 2) pour Le Colysée de Lambersart.

Une navette sillonne le quartier du Champ-de-Mars, près du bois de Boulogne, jusqu'à Rihour.

Les lignes 12 et 14 desservent le boulevard Vauban.

Une ruelle du Vieux-Lille ALEXANDRE LENOIR ©

Les incontournables

Bois de Boulogne (parc de la Citadelle)

Ceint par la Deûle, cet espace vert de 60 ha constitue un îlot boisé en plein cœur urbain. Le parc comprend plusieurs entités : le bois, dont les chemins sinueux font le bonheur des marcheurs et adeptes de VTT, la promenade asphaltée longeant la citadelle, territoire des joggeurs, et, enfin, le zoo et le mini-parc d'attractions, royaume des familles.

PLAN F5

Espace vert tlj ; zoo et attractions voir page suivante ; citadelle fermée au public

Citadelle

Elle doit son surnom de "reine des citadelles" à Vauban (1633-1707) lui-même. Le maître ès fortifications de Louis XIV souhaitait par ce sacre mettre en avant les dimensions hors norme et la robustesse de cette forteresse construite entre 1667 et 1673, juste après la prise de Lille aux Espagnols par le Roi-Soleil. Bâtie en bordure du Vieux-Lille (av. du 43e-Régiment-d'Infanterie, RI) selon un plan en étoile avec 5 bastions reliés par des remparts, la citadelle accueille toujours un état-major pourvu de 430 militaires. D'où l'impossibilité de pénétrer au-delà de la très belle Porte Royale, tout à la gloire du monarque. Notez à proximité, l'atypique monument érigé après la guerre de 1914 en hommage aux "20 000 pigeons voyageurs morts pour la patrie" qui témoigne d'une tradition colombophile très ancrée dans le Nord.

Jardin zoologique

Adossé aux remparts de la citadelle, ce **zoo** (☎03 28 52 07 00 ; www.lille.fr/Zoo-de-Lille ; av. Mathias-Delobel ; tarif adulte/5-17 ans 4/2 € ; ⏲lun et mer-ven 10h-18h, sam-dim et jours fériés 10h-19h, fermé mar, ainsi que de déc à mi-fév ; 🚌14, arrêt Jardin-Vauban) existe depuis les années 1950. Réaménagé en 2016, doté d'une volière et d'un reptilarium exotique, il est parfaitement entretenu et contient 400 animaux relevant d'une centaine d'espèces : rhinocéros blancs, singes, pandas roux, tapirs...

Attractions

À gauche après le pont de la Citadelle, **Cita Parc** (☎03 21 88 14 14 ; www.cita-parc.fr ; 2,50 € le manège) dispose d'une quinzaine d'attractions pour les enfants (jusqu'à 10 ans) et d'une brasserie en plein air. À l'extrémité du parc, côté Vieux-Lille, **Accrolille** (☎09 72 33 00 16 ; croisement de l'allée du-Train-de-Loos et de l'allée Paul-Vallon) propose des parcours d'Accrobranche pour petits et grands.

★ À savoir

- Le bois est le poumon vert de la ville ! Les 90 espèces d'arbres, souvent séculaires, d'arbustes et de plantes et les points d'eau attirent martins-pêcheurs, éperviers, hérons, grenouilles et chauves-souris.
- On peut rejoindre **Le Colysée** (p. 77), à pied ou à vélo, en suivant les berges de la Deûle.
- Au bord de la Deûle, le **Grand Huit** (www.legrandhuit.eu/fr ; ☎06 08 25 74 91) loue vélos hollandais et tandems (15/20 € demi-journée/journée), stand-up paddle (26 €/pers) et programme des visites guidées de jour comme de nuit.

✕ Une petite soif ?

À la **Guinguette de la Marine** (p. 68), pour un apéro décontracté, à **L'Échiquier** pour un cocktail dans le cloître du couvent des Minimes (p. 63) ou au **Quartier Libre** (p. 77) sur l'esplanade du Champ-de-Mars.

Promenade à pied

Balade architecturale dans le Vieux-Lille

Dessiné essentiellement après la conquête de Lille par Louis XIV (1667), le Vieux-Lille est le cœur historique de la ville. S'il est aisé de succomber à son animation, le quartier séduit aussi par la beauté des sublimes façades qui émaillent le paysage. Volutes et polychromie flamandes, rangs de maisons à arcades composent un panel d'influences architecturales, riche et coloré.

La promenade

Départ Place Louise-de-Bettignies

Arrivée Avenue du Peuple-Belge

Distance 5-6 km

Durée 2 heures

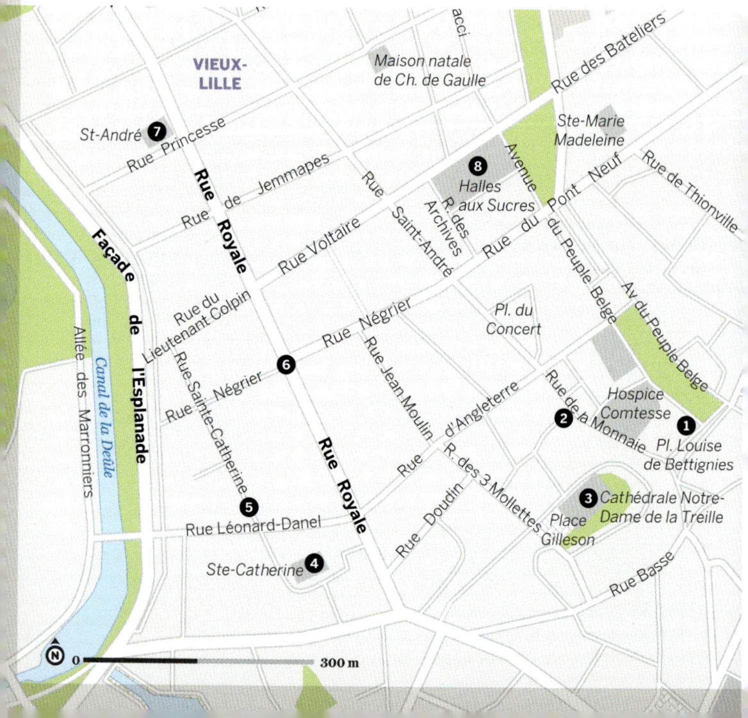

❶ Maison de Gilles de La Boé

Cette **demeure de marchand** (27-29 pl. Louise-de-Bettignies), édifiée en 1636, incarne parfaitement le style flamand, par sa couleur et ses motifs ornementaux gravés dans la pierre blanche de Lezennes. Les arcades délimitaient au rez-de-chaussée les comptoirs où étaient exposées les marchandises. Elle abrite désormais un bar à cocktails et la médiathèque du Vieux-Lille.

❷ Rue au Pétérinck et place aux Oignons

De la place Louise-de-Bettignies, remontez la superbe rue de la Monnaie. Au n°61, se tient l'ancien **Hôtel des monnaies** érigé par Louis XIV. Au n°32, le magnifique **Hospice Comtesse** (p. 60) est devenu un musée. Bifurquez dans la rue au Pétérinck pour gagner la **place aux Oignons**, qui recèle de jolies maisons de tisserands.

❸ Notre-Dame-de-la-Treille

Faites le tour de la **cathédrale Notre-Dame-de-la-Treille** (p. 60) avant d'emprunter en face la ruelle de Weppes débouchant sur la rue Esquermoise.

❹ Église Sainte-Catherine

Église-halle flamande (*hallekerque*), composée de plusieurs nefs de même largeur et de même hauteur, cette **église** (☎03 20 55 45 92 ; 14 terrasse Sainte-Catherine) date des XVe-XVIIIe siècles. Du haut de sa tour carrée, un guetteur de feu surveillait le quartier jusqu'en 1891.

❺ Rue Sainte-Catherine

Elle a conservé des cours des XVIIe et XVIIIe siècles où subsistent des maisons de tisserands : la cour de Pologne, au n°48, et celle du Cygne, au n°43.

❻ Rues Négrier et Royale

Prenez la rue Négrier qui mène à la rue Royale et ses hôtels particuliers des XVIIIe et XIXe siècles : l'hôtel de Wambrechies, au n°68, abrite l'archevêché de Lille ; les hôtels d'Hespel et de Crépy-Saint-Léger, aux n°s 75-77, sont occupés par la Banque de France. Au n°22 de la rue Négrier, empruntez le passage des Trois-Anguilles, la ruelle la plus étroite de Lille qui vous mènera au n°27 de la rue Voltaire.

❼ Église Saint-André

Ancienne chapelle des Carmes, édifiée entre 1701 et 1758 et fermée pendant la Révolution, **Saint-André** (☎03 20 55 45 92 ; 123 rue Royale) fut à nouveau consacrée en 1796. Clocher réalisé par Louis-Marie Cordonnier (1889). Beau mobilier liturgique et tableaux des maîtres de l'école flamande du XVIIe siècle.

❽ Halle aux sucres

La **halle aux sucres** (33 av. du Peuple-Belge), du milieu du XIXe siècle, servait d'entrepôt aux sucres et aux grains qui étaient ensuite acheminés sur le canal de la Basse-Deûle (actuelle avenue du Peuple-Belge), aujourd'hui asséché.

Voir

Notre-Dame-de-la-Treille

CATHÉDRALE

51 PLAN K4

Atypique et controversée, enchanteresse de nuit lorsqu'elle est éclairée, la façade néogothique bardée de métal de la cathédrale rappelle les origines de la Vierge éponyme, sainte patronne de la ville. Au XIIIe siècle, une petite statue de la Vierge, abritée dans la collégiale Saint-Pierre, réalise une série de miracles. Le culte marial prend de l'ampleur, jusqu'à la Révolution et la destruction de la collégiale. En 1854, le projet d'une église monumentale, vouée à la Vierge, voit le jour, mais sa construction reste inachevée. En 1999, la nef trouve enfin sa façade. Conçue par l'architecte lillois Pierre-Louis Carlier, tapissée de 110 plaques de marbre translucides, elle est soutenue par une structure métallique fabriquée par l'ingénieur irlandais Peter Rice (1935-1992) et s'orne d'une superbe rosace centrale, évoquant la Résurrection, signée Ladislas Kijno (1921-2012).

Ne manquez pas de faire le tour de l'édifice posé sur la motte castrale à l'origine de la ville au XIe siècle. Outre le chevet néo-gothique de la cathédrale datant du XIXe siècle, on y voit l'arrière de très belles maisons typiques du Vieux-Lille dont celle du n°128, la plus étroite de la ville ! (03 20 31 59 12 ; www.cathedralelille.com ; pl. Gilleson ; tlj 10h-18h30, visites guidées sur réservation)

Hospice Comtesse

MUSÉE, PATRIMOINE

52 PLAN K3

Le fleuron du Vieux-Lille pour ses très belles collections d'objets du quotidien et d'œuvres d'art liés à l'histoire de la ville. La comtesse Jeanne de Flandre a créé, au XIIIe siècle, l'hôpital Notre-Dame, dont il ne reste rien. Outre la salle des malades (XVe siècle) et la chapelle (milieu XVIIe siècle) dotées d'un plafond à caissons lambrissés, ce sont surtout les anciens appartements conventuels et leur intérieur typique du XVIIe siècle qui frappent les esprits – la cuisine et l'escalier aux murs couverts de carreaux de faïence bleue, le réfectoire ou le parloir avec ses huit ex-voto représentant des enfants. Admirez les superbes collections situées à l'étage. La série de corbeaux, partie intégrante de l'ornementation architecturale locale, mérite l'attention : ces pièces de bois sculpté qui supportaient les poutres des édifices des XVe-XVIIe siècles, montrent l'imagination débordante des tailleurs d'images, qui représentèrent des chérubins, des têtes de méduse et… des personnages amérindiens. Expos temporaires dans la salle des malades. (03 28 36 84 00 ; 32 rue de la Monnaie ; 3,70/2,60 €, gratuit -de 12 ans ; lun 14h-18h, mer-dim 10h-18h ; M Rihour)

L'impossibilité d'une île

Autrefois enserrée dans les méandres de la Deûle, Lille fut longtemps parcourue par d'innombrables canaux. Par souci d'hygiène, ces "égouts à ciel ouvert" ont peu à peu été recouverts à partir de la fin du XIXe siècle. Le meilleur moyen pour les observer est de pénétrer dans le hall d'accueil de la préfecture au 12 rue Jean-Sans-Peur (près de la place de la République), où ils ont été remis à jour et joliment restaurés. Dans le Vieux-Lille, on entraperçoit l'eau à travers les interstices de la terrasse en bois au pied du pan de mur de l'ancien moulin Saint-Pierre qui se dresse à côté de l'Hospice Comtesse. En attendant mieux ? Programmée par la mairie en 2008, la remise en eau de l'avenue du Peuple-Belge (canal rebouché dans les années 1950) n'a pas été réalisée faute de financement. Officiellement, ce grand chantier n'est que retardé.

Maison natale de Charles de Gaulle

MUSÉE

53 PLAN J1

Rénovée de fond en comble en 2020, la demeure des grands-parents de Gaulle a été minutieusement restituée comme en 1890, année où naquit ici même le futur grand Charles (son berceau est visible) avant d'y passer de nombreuses vacances. Le lieu est dépourvu d'explications historico-biographiques, mais il offre le grand intérêt de s'immerger dans un intérieur bourgeois du Nord, typique de la fin du XIXe siècle. Papier peint, voilages, vaisselle et mobilier d'époque, rien ne manque. (03 59 73 00 30 ; 9 rue Princesse ; 6 €, gratuit -de 26 ans et entre 17h et 18h ; mer-sam 10h-13h et 14h-18h, dim 13h30-18h ; M Rihour)

Église Sainte-Marie-Madeleine

ÉGLISE, EXPOS

54 PLAN K2

Cette église désacralisée sert de lieu d'expositions (elle abrite notamment une montagne de casseroles, œuvre de l'artiste indien Subodh Gupta) et de concerts. Elle n'est malheureusement ouverte qu'à l'occasion des Journées du patrimoine et de manifestations programmées. Construite après 1667, elle a pour originalité un chœur circulaire central, à la décoration baroque, qui contraste avec sa façade plutôt classique. Son dôme lui valut le charmant surnom de "Grosse Madeleine". (03 20 49 52 81 ; rue du Pont-Neuf ; uniquement lors de manifestations ; M Rihour)

Hôpital général

ARCHITECTURE

55 PLAN K1

Ouvert en 1743, pour soigner 1 500 pensionnaires, ce beau bâtiment de style classique allonge sa façade de 140 m de long sur l'actuelle avenue du Peuple-Belge (les anciens quais de la Basse-Deûle). Une des ailes abrite l'Institut d'administration des entreprises. L'autre, en piteux état, attend sa rénovation. (av. du Peuple-Belge ; visite guidée pour les groupes sur réservation par l'Association du musée régional hospitalier de Lille au 03 20 44 59 62, poste 339.17 ; www.association.patrimoinehospitalierdunord.fr ; M Rihour)

Porte de Gand

MONUMENT

56 PLAN M2

À l'extrémité de la rue de Gand, c'est l'un des vestiges de l'enceinte construite lorsque Lille était sous obédience espagnole (1620). Elle présente deux visages : austère et orné de blasons militaires du côté des fossés extérieurs, plus accueillant avec ses fenêtres et ses briques polychromes, côté ville. Cette partie du bâtiment accueille d'ailleurs le restaurant coté, La Terrasse des Remparts (p. 65). Comme chez sa petite sœur de la Porte de Roubaix (voir p. 40) les deux arcades latérales furent creusées en 1875 pour permettre le passage du tramway qui circula jusqu'en 1963.

Couleur et ornementation marquent l'âge d'or de l'architecture flamande à Lille au XVIIe siècle

Quai du Wault

SITE HISTORIQUE

57 PLAN H5

Ancien port fluvial de Lille, créé au XVe siècle, où étaient déchargées les marchandises arrivant de la Haute-Deûle. Bordé par le couvent des Minimes (voir ci-dessous), il reste aujourd'hui l'un des rares plans d'eau témoignant des nombreux canaux qui traversaient la ville encore au XIXe siècle (voir l'encadré p. 61).

Couvent des Minimes

SITE HISTORIQUE

58 PLAN H5

Au bord du bassin, l'ancien couvent des Minimes (1622-1638) a été transformé en hôtel quatre étoiles (hôtel Alliance, p. 159). L'ancien cloître et ses galeries couvertes aux voûtes d'arêtes sur croisée d'ogives valent le coup d'œil. Cette partie est occupée aujourd'hui par L'Échiquier, le bar de l'hôtel. On peut donc y entrer et parcourir les galeries. (03 20 30 62 62 ; 17 quai du Wault ; lun-sam 10h-1h et dim 10h30-23h ; M Rihour ou 12, arrêt Lille-Champ-de-Mars)

Jardin Vauban

JARDIN

59 PLAN F5

C'est sans doute l'un des jardins les plus agréables de la ville – parfait pour une sieste aux beaux jours ou un rendez-vous amoureux. Il a été dessiné en 1863, sur le modèle des jardins anglais, avec des allées sinueuses, des grottes artificielles, des bosquets, de vastes pelouses et des plans d'eau. Au centre du jardin, un théâtre de marionnettes, **Le P'tit Jacques** (03 20 42 09 95 ou 06 80 01 53 45 ; www.lepetitjacques.fr ; quai de la Citadelle ; plein/réduit 5,30/4,40 € ; hors vacances scolaires mer 15h30, dim et jours fériés 16h, vacances scolaires mar-ven 14h et 15h30, dim 16h, fermé nov-mars), s'est installé dans l'ancien chalet aux chèvres. Enfin, ce jardin est prolongé par le **jardin d'arboriculture fruitière**, un verger historique vieux d'un siècle regroupant des variétés anciennes de pommiers et de poiriers. (bd Vauban, rue Desmazières et av. Léon-Jouhaux ; M République-Beaux-Arts ou 14, arrêt Jardin-Vauban)

Palais Rameau

MONUMENT

60 PLAN F7

Évoquant une église, avec son porche, ses clochetons et sa façade de pierres blanches et roses, ce bâtiment est prolongé par une serre. Charles Rameau, agronome, président-fondateur de la Société d'horticulture de Lille, fit don en 1878 d'une belle somme à la ville avec pour mission d'édifier un monument destiné à valoriser l'horticulture. Inauguré en 1879, l'édifice au charme oriental est en travaux pour accueillir en 2022 un tiers-lieu universitaire dédié à l'agriculture du futur. (39 bd Vauban ; ouvert uniquement lors d'expositions ou d'événements ; M République-Beaux-Arts ou 14, arrêt Jardin-Vauban)

Université catholique MONUMENT

61 PLAN E7

Édifiés essentiellement en 1879-1889, les bâtiments néogothiques de la Catho – plus grande université catholique de France avec ses 31 000 étudiants – évoquent furieusement Poudlard, le collège d'Harry Potter. (03 20 13 40 00 ; www.univ-catholille.fr ; 60 bd Vauban ; accueil lun ven 7h30-18h30, sam 7h30-12h, visites libres ou guidées lors des Journées du patrimoine ; M République-Beaux-Arts ou 12, arrêt Lille-Université catholique)

Institut pour la photographie EXPOS PHOTO

62 PLAN L2

Cet hôtel particulier du Vieux-Lille qui abrita longtemps un lycée professionnel accueille depuis 2019 un haut lieu national de la photographie. Fondé par la région Hauts-de-France et Les Rencontres d'Arles, le lieu propose des expositions d'une telle richesse que l'on risque l'épilepsie à vouloir "faire" toutes les salles en une seule fois. D'autant que des travaux sont prévus fin 2021, non seulement pour retrouver les moulures et les boiseries d'origine cachées sous les cloisons et les faux plafonds, mais aussi pour agrandir la surface d'exposition... qui passera à 3 500 m^2 ! (03 20 88 08 33 ; www.institut-photo.com ; 11 rue de Thionville ; gratuit ; mer-dim 11h-19h)

Se restaurer

Monsieur Jacques CAVE À VINS €€

63 PLAN L3

Pour un apéritif dînatoire, autour d'un assortiment de tapenades, de charcuteries espagnoles ou de fromages affinés, accompagnés d'un excellent cru, rendez-vous chez Monsieur Jacques. Référence en la matière, l'adresse connaît un beau succès et chatouille les papilles de son élégante clientèle dès le lundi soir. Pour une ambiance plus intime, descendez vous asseoir sur les sofas de la très belle cave voûtée. (03 20 74 85 59 ; 30 rue de Gand ; assiettes 6,90-14 € ; lun-jeu et dim 18h-minuit, ven 18h-1h, sam 18h-2h ; M Gare Lille-Flandres ou Rihour)

Aux Vieux de la Vieille ESTAMINET €€

64 PLAN K3

Au cœur de la charmante rue des Vieux-Murs, s'est niché un bout de campagne flamande, un estaminet rustique et chaleureux, éclairé le soir à la bougie. Petit frère de Chez la Vieille, rue de Gand, il reprend, à la carte, les classiques régionaux faisant le succès de son aîné. Goûter l'après-midi : chicorée, chocolat chaud ou gaufre liégeoise et happy hour de bières régionales (5 € la pinte) entre 15h et 18h. (03 20 13 81 64 ; 2-4 rue des Vieux-Murs ; plats 11,50-15,20 € ; tlj 12h-23h ; M Rihour)

Un palais bien encombrant

Impossible de le rater lorsqu'on visite le Vieux-Lille. Bloc de béton de 50 m de haut, le **palais de justice** détonne au milieu des charmantes maisons en brique du XVIIe siècle. C'est peu dire que le bâtiment inauguré en 1970 n'a jamais fait l'unanimité auprès des Lillois. D'autant qu'il est construit sur la crypte de l'ancienne collégiale Saint-Pierre, rares vestiges remontant au XIe siècle (visibles uniquement lors des Journées du patrimoine). Ne répondant plus aux normes de sécurité, l'édifice sera délaissé par les robes noires en 2023 au profit d'un nouveau tribunal actuellement en construction aux limites du Vieux-Lille. Que deviendra alors ce bâtiment souvent qualifié de "verrue architecturale" ? Deux pistes ont pour l'instant été avancées : le détruire ou le transformer... en hôtel de luxe.

Au Soyeux

ESTAMINET **€€**

65 PLAN L3

Ce qui distingue cet estaminet de ses congénères rassemblés rue de Gand ? Une déco un peu plus épurée, malgré le traditionnel houblon au plafond, les bougies sur la table et les photos noir et blanc au mur. Mais aussi le soin apporté aux plats régionaux – gratin de chicon ou poulet au maroilles accompagnés de frites cuites au gras de bœuf, moules à la crème d'ail d'Arleux – qui font mentir l'idée que la gastronomie nordiste ne fait pas dans la finesse. (03 20 55 62 08 ; www.soyeux-lille.fr ; 44 rue de Gand ; plats 13,90-17,90 €, menu midi 15-19 € ; lun ven 11h30-14h30 et 18h-23h, sam 11h30-15h et 18h-minuit, dim 11h30-15h et 18h-22h ; M Gare Lille-Flandres)

La Terrasse des Remparts

CUISINE DE SAISON **€€**

66 PLAN M2

Logé dans la porte de Gand, voici le plus réputé des établissements de la rue de Gand, rebaptisée à Lille la "rue des restos". Entre les murs en brique d'un bâtiment historique vieux de quatre siècles, on vous sert avec professionnalisme viandes et poissons bien accommodés. Pour encadrer le plat de résistance, deux immanquables : l'œuf cocotte en entrée et la tarte aux pommes en dessert. Un régal ! (03 20 06 74 74 ; www.lilleremparts.fr ; 92 rue de Gand ; plats 29-38 €, menu midi sem 19 €, menus 26-35 € ; lun-ven 12h-14h et 19h-23h, sam 19h-23h ; M Gare Lille-Flandres ou Rihour)

Le Vieux-Lille en 2 CV

Manière originale de parcourir les ruelles du Vieux-Lille, **Tradi'Balade** (03 20 51 10 29 ; www.tradibalade.com ; départ pl. Rihour ; 1 heure/ 1 heure 30 pour un couple 39/65 € par pers) propose des balades commentées en 2CV. Possibilité d'agrémenter la virée de dégustation de produits régionaux.

L'Étable

TERROIR **€€**

67 PLAN J4

L'emplacement est agréable, devant l'église Sainte-Catherine, à l'écart de la circulation. Intérieur pimpant et tables dehors par beau temps. La cuisine, simple et joyeuse, s'accorde avec la bonhomie du patron : camembert rôti aux herbes, *fish and chips* de cabillaud, vol-au-vent au filet de poulet... Très fréquenté le midi. Service en continu le samedi. (03 20 14 00 34 ; 3 terrasse Sainte-Catherine ; plats 12-14 €, formules 11-14 € ; mar-ven 12h-14h et 19h-22h, sam 12h-22h ; M Rihour)

L'Estaminet Lillois

FLAMAND **€€**

68 PLAN J5

Une petite adresse chaleureuse pour goûter aux spécialités locales au milieu de meubles en bois campagnards et de vieilles photos de famille. Le trio de chopes de 10 cl de bières et l'assiette découverte permettent de tester les saveurs locales, dont le très bon poulet au maroilles. Petite épicerie régionale (voir p. 80). (03 66 73 34 33 ; www.lestaminet-lillois.fr ; 21 rue de la Barre ; plats 13,50-17 € ; mer-dim 12h-14h et 19h-22h ; M Gare Lille-Flandres ou Rihour)

Le Bistrot Lillois

FLAMAND **€€**

69 PLAN L3

La carte est flamande (flamiche, os à moelle, carbonnade, etc.), accompagnée de bières régionales, et le service efficace et sans chichis. Le cadre clair a un côté vieillot charmant, avec ses carreaux de faïence, son beau comptoir en bois et sa clientèle d'habitués. Bref, un resto au-then-tique ! (03 20 14 04 15 ; 40 rue de Gand ; plats 13-18,80 € ; mar-jeu 12h-14h et 19h-22h, ven-sam 12h-14h et 19h-22h30 ; M Gare Lille-Flandres ou Rihour)

La Bottega

PIZZERIA **€€**

70 PLAN K3

Blanche ou rouge, la pizza est ici représentante plénipotentiaire de la Botte et de ses produits de petits producteurs. Travaillée au vu de tous, elle se déguste dans une ambiance contemporaine et bruyante, et s'accompagne d'un verre de Dolcetto d'Alba. Pour plus de calme, réservez une table dans le bar à vins juste en face (c'est le même propriétaire). Outre une charmante cave voûtée, il possède une cuisine d'époque (1710), classée monument historique, où l'on peut admirer certains des derniers carreaux de faïence du Vieux-Lille. (03 20 74 33 12 ; 7 rue au Pétérinck ; pizzas 9,50-16 € ; mar-ven 12h-14h et 19h-22h, sam 12h-15h et 19h-22h30, dim 12h-15h ; M Rihour)

Bellerose

BURGERS €€

71 PLAN J4

Dans la famille hamburger-mon-amour, voici le *diner* globe-trotteur. Servi jusque 23h ! Téméraire, le Bellerose décline le fameux petit pain rond littéralement à toutes les sauces, le frottant sans scrupules aux saveurs régionales et exotiques. Bel espace à l'esprit loft new-yorkais, émaillé de déco d'inspiration industrielle. Large choix de bières artisanales et internationales. Happy hour de 18h à 20h sauf le samedi. Concerts et soirées régulièrement organisés. (03 20 40 15 46 ; www.bellerose.fr ; 8 rue Royale ; plats 8-14,30 € ; lun-jeu 12h-14h et 18h30-23h, ven 11h-14h et 18h30-23h30, sam 11h30-minuit ; M Rihour)

Au Gré du Vin

CAVE À MANGER €€

72 PLAN K3

Sur la charmante place aux Oignons (au bout de la petite rue au Pétérinck, citée dans la promenade à pied, voir p. 58), quelques tables sous verrière, réchauffées de murs de brique, sont cachées au fond de cette boutique de produits du Sud-Ouest et du Languedoc-Roussillon, spécialisée dans les vins bio. Au déjeuner, elles accueillent gourmands et connaisseurs qui viennent y savourer foie gras de canard, mâchon basque, planches de charcuterie et fromages, ainsi que douceurs du cru. (03 20 55 42 51 ; 20 rue au Pétérinck ; plats 9-19 € ; restaurant mar-sam 12h-14h, boutique mar-sam 10h-19h30, dim 10h-14h30 ; M Rihour)

L'Assiette du Marché

CUISINE DE SAISON €€

73 PLAN K3

L'ancien Hôtel des monnaies s'habille ici d'une déco moderne et chic, aux tons bois et gris clair et prête ses murs à une cuisine de saison, engageante et abordable. Belle carte de vins. Terrasse dans la cour pavée d'avril à septembre. (03 20 06 83 61 ; www.assiettedumarche.com ; 61 rue de la Monnaie ; plats 15-25 €, formule midi sem 14,50, menu 20-26 € ; lun-sam 12h-14h30 et 19h-22h30 ; M Rihour)

Comptoir 44

BISTROT €€

74 PLAN L3

Dans une déco feutrée, où parquet et briques apparentes cousinent avec les tons chocolat et les lustres à pampilles, se déguste une cuisine bistrot traditionnelle orientée terre-mer (entrecôte, welsh, pavé de saumon...) élaborée avec des produits de saison et de qualité. Vous pouvez sans risque tenter le menu "Les yeux fermés" (38 €). Atmosphère familiale. Bonne carte des vins. (03 20 21 03 63 ; www.comptoir44-lille.fr ; 44 rue de Gand ; plats 16-25 €, formule midi 21 € ;

lun-jeu 12h-14h et 19h-22h, ven 12h-14h et 19h-22h30, sam 12h-14h30 et 19h-22h30, dim 12h-14h30 et 19h-22h ; M Gare Lille-Flandres ou Rihour)

Le Scoop

BISTROT €€

75 PLAN J2

Ayez le courage de remonter l'interminable rue Saint-André pour découvrir ce bistrot moderne à l'accueil impeccable – le patron vient saluer chaque table – et à la carte généreuse : tartares de viande ou de poisson, hachés minute et welsh accompagnés de frites maison, rognons et gratins en tout genre. Côté bar sur des tables hautes ou côté bistrot, l'ambiance est conviviale. (03 20 74 94 34 ; www.le-scoop-lille.fr ; 64 rue Saint-André ; formule 16,50 € ; plats 14,50-25,50 € ; lun-sam 12h-14h, lun-mar 19h-22h, mer-jeu 19h-22h30, ven-sam 19h-23h ; M Gare Lille-Flandres ou Rihour)

Guinguette de la Marine

BRASSERIE €€

76 PLAN E5

Au bord de la Deûle, face au parc de la Citadelle, cette adresse très accueillante offre deux visages. Autour du bar, on joue aux fléchettes en musique, bières pression à portée de main. Dans l'arrière-salle ou en terrasse, l'ambiance est plus intimiste… et propice au grignotage de très bons *fish and chips*, d'acras de morue ou de welsh maison. Soirée jazz manouche les vendredi et samedi soir… (03 20 39 85 43 ;

Au Gré du Vin (p. 67)

8 av. Léon-Jouhaux ; plats 11-18 € ; mar-dim 12h-14h30 et 19h-23h ; M Rihour)

La Table du Colysée
CUISINE DE SAISON €€

77 PLAN A4

Située à l'arrière de la Maison Folie de Lambersart, en plein bois de Boulogne, cette adresse contemporaine, très prisée le midi, régale ses hôtes d'une cuisine de saison alléchante : terrine de foie gras maison, brochette de saint-jacques, côte de veau à la brisure de morilles… Agréable terrasse aux beaux jours. (03 20 00 14 85 ; www.latableducolysee.fr ; 201 av. du Colysée, Lambersart ; plats 16-24 €, menu 25-38 € ; mar-ven et dim 12h-14h30, mar-sam 19h30-21h30 ; M Bois-Blancs)

La Crinière
BISTROT €€

78 PLAN E9

Coup de cœur pour cette adresse à deux pas de l'université catholique (p. 64). À l'ardoise, une cuisine maison savoureuse, d'un excellent rapport qualité/prix. L'accueil est souriant et généreux, et le cadre mêle subtilement esprit rétro et moderne. Le midi, tandis que l'espace cosy fait salle comble, les habitués s'adonnent, côté bar, entre le jeu de fléchettes et le baby-foot vintage, à leur sempiternelle partie de belote. (03 20 57 06 03 ; 2 pl. Philippe-Girard ; plats 11-22 € ; lun-sam 12h-14h30, mer-ven 20h-22 h ; M Cormontaigne)

Jolie façade Art déco de L'Huîtrière

Le fameux restaurant au 3 de la rue des Chats-Bossus, rendez-vous des gourmets lillois durant des lustres, a fermé en 2016, mais sa façade et son intérieur en céramique, datant de 1928, restent un superbe manifeste dédié à l'Art déco (voir photo p. 71).

Rozo
GASTRONOMIE €€€

79 PLAN K3

Depuis leur installation à Lille en juin 2017, Camille et Diego croulent sous les éloges. Il faut bien avouer que le jeune couple n'a pas son pareil pour faire rimer gastronomie avec bonhomie. Les sourires à l'accueil et durant le service sont aussi sincères que les mets mitonnés en cuisine. Superbement présentés, les plats ne sont pas seulement "instragamables", ils sont exquis : des saint-jacques à la tartelette au chocolat en passant par la poulette pochée au vin jaune, on savoure et on en redemande ! (09 83 46 55 00 ; www.restaurant-rozo.fr ; 79 rue de la Monnaie ; plats 27-36 €, menu midi 25-31 € menu découverte 64 € ; mer-sam 12h-13h30 et 19h-20h45 ou 21h-23h et mar soir ; M Rihour)

L'Arc
BISTRONOMIE €€€

80 PLAN J5

Une ode aux produits frais de l'entrée au dessert. La déco, très

Ohé chicorée

C'est pour sa racine que la chicorée dite à café, ou *Cichorium intybus*, est utilisée. Cultivée depuis le XIXe siècle comme ersatz de café, on lui découvre aujourd'hui mille et un bienfaits : haute teneur en fibres, source d'oligoéléments, la chicorée est aussi employée pour ses pouvoirs édulcorant, aromatisant ou colorant. Elle agrémente plusieurs plats dans les restaurants, sans doute un effet de la solidarité régionale puisque la célèbre Chicorée Leroux est implantée depuis toujours à Orchies.

contemporaine, peut en refroidir certains au premier abord, mais la gentillesse et la prévenance de l'accueil vous rassurent très vite. Ne reste plus alors qu'à se laisser embarquer par les compositions délicieusement surprenantes du poète en cuisine. (03 20 49 73 34 ; www.l-arc.fr ; 10 rue des Bouchers ; formule déj 20 € ; plats 20-40 € ; menu 50 € ; mar-sam 12h15-14h et 19h30-22h ; M Rihour)

Le Bloempot

GASTRO LOCAVORE €€€

81 PLAN J5

"Vous allez bien ?" La question, directe, vous accueille et plante l'ambiance : sans chichis et amicale. Finaliste de l'émission Top Chef 2013 et, de fait, orgueil régional, Florent Ladeyn a choisi Lille, et un ancien atelier au fond d'une cour pavée, pour installer sa deuxième adresse flamande. Une cuisine ouverte sur une déco d'inspiration industrielle et chaleureuse, et des plats créatifs, savoureux et de saison. On vous propose un menu à l'aveugle, non sans vous avoir demandé ce que vous n'aimez pas. L'enthousiasme avec lequel le contenu des assiettes est ensuite détaillé souligne la passion qui anime les cuistots. Très bon choix de vins, et tarifs plus que raisonnables le midi en semaine. Mieux vaut réserver plusieurs semaines à l'avance, mais quelques tables sont données aux premiers arrivés à 12h et à 19h. (22 rue des Bouchers ; www.bloempot.fr ; menus midi sem 25 €, menus soir et sam-dim 40-60/60-90 € sans/avec boissons ; mar midi, mer-sam midi et soir ; M Rihour)

Le Rouge Barre

CUISINE DU MARCHÉ €€€

82 PLAN J2

Ne cherchez pas les participants de l'émission Top Chef, ils se cachent tous à Lille ! Steven Ramon, demi-finaliste de l'édition 2014, a lui aussi pris ses quartiers dans la vieille ville. Côté cadre, du chic en bois et gris taupe relevé de touches design, côté accueil, du chic vêtu de noir, avec humour et sourire. Côté cuisine, du chic en menus créatifs, à base de produits locaux et de saison avec un penchant pour les grands oubliés : topinambours, panais et salsifis. On se régale.

Jolie terrasse à l'étage. Réservez. (☎ 03 20 67 08 84 ; www.rougebarre.fr ; 50 rue de la Halle ; plats 28-30 €, formules midi 23-30 €, menus soir 66/95 € sans/avec boissons ; ⏲ mar-sam 12h-15h, 19h30-22h30 ; M Rihour)

Les Toquées

GASTRONOMIE €€€

83 PLAN B5

Presque en face du Colysée de Lambersart, de l'autre côté de la Deûle, cette belle maison bourgeoise voit, aux heures des repas, sa salle à manger investie de gourmets. Au cachet des lieux – parquet, moulures, cheminées et grands miroirs – s'ajoute une cuisine du marché créative et raffinée. Jolie terrasse l'été. Maisons d'hôtes attenantes au restaurant. (☎ 03 20 92 03 21 ; www.lestoquees.com ; 10 quai Guéry-Legrand, Lambersart ; formule midi sem 31 €, menu 55-65 €, plats 29-38 € ; ⏲ mar-sam midi et soir ; M Bois-Blancs)

L'Empreinte

GASTRONOMIE €€€€

84 PLAN A4

Innovant, étonnant, mais aussi… gourmand ! Voilà un gastronomique qui ne chipote pas avec la quantité servie dans les assiettes. Autre cliché balayé par cette adresse installée dans un immeuble chic de Lambersart : une ambiance décontractée, où l'on ne se prive pas de rire à gorge déployée entre amis. Jamais la bouche pleine car quand c'est le cas, on savoure… (☎ 03 20 44 00 21 ; www.empreinterestaurant.com ; 170 av. de l'Hippodrome, Lambersart ; menus déjeuner 33 €, menu 56-71 € ; ⏲ lun-ven midi et soir ; M Lambersart-Canteleu et 🚌 53 arrêt Lambersart-Sainte-Cécile)

NICOLAS CHAUVEAU ©

La façade Art déco de l'Huîtrière (p. 69)

Prendre un verre

Tamper ! Expresso bar

GOÛTER GOURMAND €

85 PLAN K3

Avec son allure de cantine mariant bois blond et briques apparentes, ce salon de thé moderne est idéal pour siroter un thé *chaï*, un *latte* gourmand ou un smoothie frais tout en dégustant les alléchants desserts (gâteau aux carottes, tarte au citron vert, amandier, moelleux à la pomme…) qui vous tendent les bras au comptoir. Les copieux brunchs du dimanche (trois services à 9h30, 11h30, 15h30) ont été transférés au Tamper Lunch and Brunch (18 rue Saint-André), filiale ouverte en 2018. (☎03 20 39 28 21 ; 10 rue des Vieux-Murs ; ⏲mer-sam 9h-18h, dim 9h-17h ; Ⓜ Rihour)

Little Havana BAR À MOJITOS

86 PLAN J5

Le temple du mojito à Lille ! Qui a ses adeptes. De fait, certains soirs, au Little Havana, on aimerait bien pousser les murs ! Car si ici le fameux cubain pratique l'union classique, il flirte aussi allègrement avec les fruits, liqueurs et eaux-de-vie, et s'offre même parfois une virginité (sans alcool). Une cinquantaine de déclinaisons en tout, de quoi aimanter les aficionados. Déco sobre et contemporaine : briques apparentes et métal, côté bar ; ambiance plus cosy (canapés et tables basses) aux étages. (☎03 20 60 34 61 ; 2 pl. Maurice-Schumann ; ⏲mar-jeu 18h-minuit, ven 18h-1h, sam 18h-2h ; Ⓜ Rihour)

Fifi's Wine Bar BAR À VINS

87 PLAN J5

Si le Fifi's s'est forgé une belle clientèle d'habitués, ce n'est pas (seulement) parce qu'il a servi de cadre à certaines scènes du film *La Vie d'Adèle*, d'Abdellatif Kechiche. Les fûts reconvertis en tables hautes de l'entrée, le plafond joyeusement tagué à la craie et les écrans diffusant des clips des 70's et des 80's annoncent la couleur : ambiance décontractée et très festive dès que le bar se remplit. (☎06 81 59 75 82 ; 13 rue de la Barre ; ⏲mar-mer 18h-1h jeu-sam 18h-3h ; Ⓜ Rihour)

Le Bar Parallèle CAFÉ, BAR DE NUIT

88 PLAN K4

L'exiguïté du lieu fait que le "Bar Pa" est vite bondé, mais les habitués vous diront que cela fait aussi partie de son charme. Ambiance conviviale l'après-midi, laissant place, le soir, à une excitation festive et branchée pour trentenaires amateurs de groove-funk et de hip-hop. Mezze israéliens et succulents falafels à grignoter entre deux cocktails. (☎03 28 07 73 97 ; 41 rue Lepelletier ; assiette de falafels (12 €) ; ⏲mar-mer 17h-1h, jeu-sam 17h-3h ; Ⓜ Rihour)

Le Dandy BAR À COCKTAILS

89 PLAN K4

Avec son esprit *british*, ses cocktails aux teintes acidulées, ses poutres apparentes et sa vue plongeante depuis les étages, Le Dandy ne manque pas de personnalité. Soucieux d'éviter la routine, les serveurs changent leur douzaine de cocktails originaux tous les deux mois. Clientèle élégante, très étudiante certains soirs. Planches de fromage et de charcuterie. (☎03 20 51 50 01 ; 67 rue Basse ; ⏲mar-jeu 17h-minuit, ven 17h-1h, sam 17h-2h ; Ⓜ Rihour)

Little Havana

Elizabeth's

SALON DE THÉ

90 PLAN K4

En annexant en 2018 la boutique adjacente, ce salon de thé a gagné en espace... et en cachet. Dans ce qui fut les chambres de ces maisons XVIIe siècle typiques du Vieux-Lille, on se régale de scones, cupcakes, gâteaux à la carotte... assortis d'un large choix de thés. Sandwichs et tartes le midi. Joli brunch (21 €) le dimanche de 11h à 14h. (03 28 52 47 37 ; 71 rue Basse ; lun-ven 10h30-18h30, sam 9h-18h30, dim 11h-17h30 ; M Rihour)

Au Parvis de la Treille

CAFÉ

91 PLAN K4

Cet ancien hôtel-brasserie installé depuis des lustres sur le parvis de la cathédrale est idéal pour une pause ensoleillée en terrasse, ou dans la petite salle aux briques apparentes restée dans son jus. (03 20 55 10 01 ; www.leparvisdelatreille.fr ; 26 rue Bartholomé-Masurel ; mar-jeu 9h-minuit, ven 9h-1h, sam 9h-2h ; M Rihour)

La Capsule

BRASSERIE

92 PLAN J4

Encastrés au mur de cette jolie demeure du Vieux-Lille, une triple rangée de robinets... d'où jaillissent en pression 27 bières artisanales (et un cidre) choisies et renouvelées régulièrement avec exigence par des passionnés. Un repaire inévitable pour les amateurs de bonnes bières ! Pour discuter, préférez l'étage ou le rez-de-chaussée à la cave voûtée, assourdissante les soirs d'affluence. (03 20 42 14 75 ; www.bar-la-capsule.fr ; 25 rue des Trois-Molettes ; lun-mer 17h30-1h, jeu 17h30-3h, sam 16h-3h, dim 17h30-minuit ; M Rihour)

Le Privilège

BAR DE NUIT

93 PLAN J4

Décontracté à l'heure de l'apéro, Le Privilège fait danser ses néons fluo à la nuit tombée, prenant, depuis la rue comme depuis le bar, des allures de club. Atmosphère conviviale et festive (très) gay-friendly. Programmation musicale électro. Sessions DJ le week-end et soirées en semaine. (03 20 21 12 19 ; 2 rue Royale ; lun-mer 17h-1h, jeu-sam 17h-3h, dim 17h-1h ; M Rihour)

L'Illustration

CAFÉ CULTUREL

94 PLAN J4

QG des étudiants et des artistes bohèmes qui, depuis des lunes, viennent y refaire le monde. Il faut dire que son cadre rétro – avec banquettes en bois et joli comptoir – s'y prête à merveille. Fond musical pointu, tendance jazzy et rock indé. Expos, rencontres littéraires et "causeries musicales" sont régulièrement programmées. (03 20 12 00 90 ; 1 rue Doudin ou 18 rue Royale ; lun-mer 12h-1h, jeu-ven 12h-3h, sam 14h-3h, dim 15h-1h ; M Rihour)

La Pirogue

RHUMERIE

95 PLAN J4

Une institution "since 1983", réputée pour la gentillesse communicative

Elizabeth's (p. 73)

ALEXANDRE LENOIR ©

des barmen, la chaleur du rhum en provenance des Antilles, la couleur du décor et la musique bien chaloupée. Vous entrez pour un "zazou" – la spécialité de la maison –, et en sortez généralement au milieu de la nuit, le cœur bien remonté. Du bonheur en barre. (03 20 31 70 82 ; 16 rue Jean-Jacques-Rousseau ; lun-mer 17h-1h, jeu-ven 17h-3h, sam 17h-3h, dim 17h-1h ; M Rihour)

Le Kremlin

BAR À VODKAS

96 PLAN J4

Il faut un peu de cran pour pousser la porte du Kremlin, mais une fois entré, vous ne voudrez plus en bouger. Ambiance sympathique en diable (rouge comme le décor) et place aux vodkas – près d'une centaine, à déguster au verre ou en plateau (pas tout seul !). Rock militant et discussions à l'avenant. (03 20 51 85 79 ; 51 rue Jean-Jacques-Rousseau ; lun-mer 18h-1h, jeu-sam 18h-3h ; M Rihour)

La Biche et le Renard

BAR-BOUTIQUE

97 PLAN L3

Né d'une campagne de crowdfunding, ce lieu chaleureux a vite trouvé son public : une jeunesse branchée amatrice de musique disco, afro, funk ou house. Qui trinque sur les palettes en bois et les tables-vitrines servant l'après-midi à exposer des produits d'artisanat – si possible – locaux. Car le lieu "fait" aussi boutique. (03 20 78 05 05 ; www.labicheetlerenard.com ; 14 rue de Gand ; lun-jeu 15h-minuit, ven 15h-1h, sam 15h-2h, dim 15h-23h ; M Gare Lille-Flandres ou Rihour)

Aux Arts

CAFÉ, BAR

98 PLAN K3

Prisé pour sa terrasse lors du marché de la place du Concert le dimanche matin, cet ancien café de quartier propose aussi de bons déjeuners la semaine et un brunch sans réservation (25 €). (03 20 78 05 05 ; www.aux-arts-lille.restaurant ; 1 place du Concert ; mar-jeu 10h-minuit, ven 10h-1h, sam 10h-2h, dim 10h-14h ; M Gare Lille-Flandres ou Rihour)

Café Oz – Australian Bar

CAFÉ, BAR

99 PLAN L3

Une immense terrasse où l'on se précipite pour jouir des derniers rayons du soleil quand sonne l'apéro, tout en se faisant la langue bleue, à grandes lapées de "Bondy Iceberg", le cocktail maison. Sessions DJ (jeu-sam) et retransmissions d'événements sportifs. (03 59 05 34 06 ; www.cafe-oz.com ; 33 pl. Louise-de-Bettignies ; hiver jeu-sam 17h-3h et dim-mer 17h-1h, été jeu-sam 15h-3h et dim-mer 15h-1h, happy hour jeu-ven 16h-21h ; M Gare Lille-Flandres ou Rihour)

ALEXANDRE LENOIR ©

Jeux de société pour tous à La Luck !

L'Imaginaire

BRASSERIE

100 PLAN L4

Si ce bar de la place Louise-de-Bettignies paraît désert au premier abord, c'est que les initiés se pressent dans la cour arrière (couverte et chauffée en hiver) donnant sur le chevet de la cathédrale Notre-Dame-de-la-Treille : un coin de paradis pour lire son journal ou prendre un verre en amoureux. Dommage que l'accueil soit parfois un peu froid. (03 20 78 13 81 ; 5 pl. Louise-de-Bettignies ; tlj 11h-minuit ; M Rihour)

Au Point Central

CAFÉ

101 PLAN L4

Avec son décor de bistrot à l'ancienne, le PC (pour les initiés) attire habitués et jeunesse dorée du Vieux-Lille qui profitent de la terrasse couverte (bien chauffée en hiver), stratégiquement située à l'intersection de la rue de la Clef et de la rue des Arts. (03 20 51 29 78 ; 1 bis pl. des Patiniers ; lun 15h-minuit, mar-jeu 10h-minuit, ven 10h-1h, sam 10h-2h ; M Rihour)

Unami

MAISON DE THÉ

102 PLAN L4

Un salon de dégustation assorti d'une boutique qui propose des thés haut de gamme, importés du monde entier, sur fond de musique classique. La maison organise des cérémonies-dégustation autour du thé (49 € pour 2 ou 3 personnes sur réservation). Ressourcement garanti. (03 28 52 43 70 ; 8 rue Saint-Jacques ; lun-sam 10h-19h ; M Gare Lille-Flandres)

La Luck
BAR LUDIQUE

103 PLAN J1

Au bout du Vieux-Lille, ce hangar réhabilité dans un esprit loft ne désemplit pas depuis son ouverture en 2016. En bas, un bar sympathique où l'on peut manger planches, burgers et l'hypercalorique poutine (frites recouvertes de cheddar fondu), originaire du Québec. Mais c'est à l'étage que tout se passe : autour de tables en bois, six "sommeliers du jeu" sont à votre disposition pour vous expliquer les règles du millier de jeux disponibles. Ambiance détendue et acoustique judicieusement pensée pour éviter tout brouhaha. On s'y amuse beaucoup, à deux ou en groupe. Mieux vaut réserver si vous êtes nombreux. Enfants bienvenus ! (03 28 07 88 80 ; 1 rue Princesse ; plats 12-15 € ; 5 € pour un accès illimité aux jeux ; mar-jeu 19h-minuit, ven 19h-1h, sam 12h-1h, dim 11h-23h ; M Gare Lille-Flandres ou Rihour)

Gastama
BAR GLOBE-TROTTEUR

104 PLAN H1

Tout au bout de la rue Saint-André, le bar de l'auberge de jeunesse connaît un certain succès en afterwork. Son ambiance décontractée et cosmopolite et son large choix de cocktails et de bières du monde entier invitent au partage. Burgers, *fish and chips* et bol végétarien pour les affamés. (03 20 06 06 80 ; www.gastama.com ; 109 rue Saint-André ; lun-jeu et dim 7h30-minuit, ven 7h30-1h, sam 7h30-2h ; M Rihour)

Le Jaja
BAR À VINS

105 PLAN H1

L'ambiance conviviale et décontractée sied aux 30-40 ans qui fréquentent ce bar où l'on se délecte de vins au verre judicieusement sélectionnés, accompagnés de bonnes planches charcuterie-fromage. (03 20 51 83 73 ; 36 rue Saint-André ; lun-dim 18h-minuit ; M Rihour)

Le Quartier Libre
BIERGARTEN LILLOIS

106 PLAN J2

À deux pas de la citadelle, cette brasserie de plein air déroule sa grande terrasse avec palmiers et transats, devant laquelle on peut jouer au Mölkky entre deux cocktails. (03 68 38 02 03 ; 1 allée des Marronniers, esplanade du Champ-de-Mars ; mer-jeu 11h-21h , ven-sam 11h-minuit, dim 11h-21h ; M Rihour)

Sortir

Le Colysée
FABRIQUE CULTURELLE

107 PLAN A4

Installé dans un bâtiment de verre et de bois, près des berges de la Deûle, entre Lille et Lambersart, cette Maison Folie (p. 18) doit son nom à une ancienne "guinguette" du XVIIIe siècle, installée au même endroit. Outre un agréable restaurant (p. 69), ses murs accueillent à l'année expositions temporaires et manifestations culturelles. À ses pieds, des jardins paysagers contemporains, point de départ pour de belles balades dans le parc de la Citadelle ou le long de l'avenue lambersartoise de l'Hippodrome, réputée pour ses villas Art déco, classées aux monuments historiques. (☎03 20 00 60 06 ; www.lambersart.fr ; av. du Colysée ; gratuit ; ⏲mer-sam 13h-18h, dim 13h-19h ; Ⓜ Bois-Blancs, 🚌 arrêt Sainte-Cécile, ligne 14 ; Ⓟ)

Le Grand Bleu

ARTS DE LA SCÈNE

108 ✪ PLAN A6

Un centre dramatique national dédié aux jeunes. Domaines de prédilection : théâtre, danse contemporaine, contes visuels… (☎03 20 09 88 44 ; www.legrandbleu.

L'Illustration (p. 74)

com ; 36 av. Marx-Dormoy ; billets 7-13 € ; Ⓜ Bois-Blancs)

Centre régional des arts du cirque

ARTS CIRCASSIENS

✪ HORS PLAN

À la fois centre de formation professionnelle, accueil de compagnies circassiennes, ateliers pour amateurs et centre de diffusion. Son calendrier s'anime autour de deux temps forts : les festivals Piste d'automne et Piste de printemps, et, six à sept fois par an, les Pistes ouvertes, donnant libre scène à la jeune création. (☎03 20 08 26 26 ; www.centreregionaldesartsducirque.com ; 16 rue du Château-d'Isenghien, Lomme ; 5 € ; Ⓜ Saint-Philibert)

Stairway

BAR-CLUB

109 ✪ PLAN J2

En face de la halle aux sucres, une formule 2 en 1 très prisée des jeunes actifs lillois : ambiance rock (Franz Ferdinand, AC/DC…) au rez-de-chaussée et dance-électro le week-end sous les voûtes en brique de la cave. Blind-test rock très couru le jeudi soir. Avec une girafe de bière pour le vainqueur. (☎03 66 97 40 28 ; 18 rue de la Halle ; ⏲mar-jeu 18h-3h, ven-sam 18h-6h ; Ⓜ Gare Lille-Flandres ou Rihour)

La Suite

CLUB

110 ✪ PLAN L3

Dans cette cave du Vieux-Lille, il faut attendre le milieu de la nuit pour voir l'ambiance monter d'un cran.

Années 1980 et 1990 en début de semaine, plus contemporaine et électro le week-end. (03 20 06 22 17 ; 32 pl. Louise-de-Bettignies ; mar-sam 23h-7h ; M Gare Lille-Flandres ou Rihour)

Le Petrouchka — CABARET-SPECTACLE

111 PLAN H3

Le couple Alphonse et Zulma interprète en ch'ti, avec beaucoup d'humour, une sélection de sketches et de chansons de Léopold Simons (1901-1979), peintre, auteur et comédien lillois amoureux de la langue picarde : *Sous les palétuviers*, *Dins ch'pays Chi* ou *Le P'tit Quinquin*. Un bel hommage contemporain à la langue du Nord ! Dîner facultatif. (03 20 31 41 98 ; www.lepetrouchka.com ; 67 rue Royale ; mar-sam dîner 20h-22h, spectacle 22h-minuit, dim repas 12h-14h, spectacle 14h-16h ; dîner spectacle 39 €, spectacle 20 € ; réservation par téléphone mar-sam 12h-14h et 18h-20h ; M Rihour)

Shopping

Le **marché du Vieux-Lille** (plan K3, pl. du Concert ; mer, ven et dim 7h-14h), plus bourgeois et plus cher que celui de Wazemmes (p. 87), reste un rendez-vous agréable le dimanche matin.

Le **marché Vauban** (plan C7 ; pl. Catinat ; ven 15h-19h ; M Port-de-Lille) est un minuscule marché de quartier.

Aux Merveilleux de Fred — PÂTISSERIE

112 PLAN K3

Qu'attendent les gens, rue de la Monnaie, devant le passage de la rue au Pétérinck ? D'emporter un Merveilleux, meringue à la crème fouettée cacaotée saupoudrée de copeaux de chocolat. Gâteau vedette de la métropole lilloise, il embouteille la rue de la Monnaie le dimanche matin, jour de marché. Autre boutique à Wazemmes (03 20 57 25 58 ; 336 rue Léon-Gambetta ; mar-sam 6h30-19h30, dim 6h30-14h), à la gare Lille-Flandres, ainsi qu'un espace dédié aux cafés Méo (p. 53). (03 20 51 99 59 ; www.auxmerveilleux.com ; 67 rue de la Monnaie ; M Rihour ; mar-sam 7h30-19h45, dim 7h30-19h30)

L'Abbaye des Saveurs — BIÈRES ET PRODUITS DU TERROIR

113 PLAN K4

Produits régionaux et 300 références de bières belges et nordistes. (03 28 07 70 06 ; 13 rue des Vieux-Murs ; lun-mar 14h-19h, mer-sam 11h-19h, dim 11h-13h30 ; M Rihour)

Célestin — MICROBRASSERIE

114 PLAN J4

Cette microbrasserie implantée en plein Vieux-Lille produit une excellente bière que l'on retrouve à la table de plusieurs restaurants lillois et parisiens. Visite des cuves et dégustation

On se presse le dimanche Aux Merveilleux de Fred (p. 79)

au 19 rue Jean-Jacques-Rousseau (12 € par personne ; mer-sam 11h-18h). À moins de 100 m, la boutique propose quelque 200 références de bières artisanales du monde entier, en plus de la trentaine de variétés du breuvage maison. (09 82 22 39 40 ; www.celestinlille.fr ; 120 rue Esquermoise ; mar 15h-20h, mer-sam 11h-20h ; M Rihour)

Les Bons Pâturages FROMAGES

115 PLAN J4

Pour les amateurs de fromages, en particulier ceux fabriqués dans le Nord. Le Vieux-Lille à fleur de bière est une invention de la maison. Consultez aussi la p. 11. Autre boutique dans le quartier de Wazemmes (03 20 40 23 05 ; 345 rue Gambetta). (03 20 55 60 28 ; www.mon-fromage.com ; 54 rue Basse ; lun 14h30-19h30, mar-jeu 10h-19h30, ven-sam 9h30-19h30 ; M Rihour)

Pâtisserie-boulangerie Brier CHOCOLATS, BONBONS ET GAUFRES

116 PLAN J4

Valérie et Raphaël Brier préparent, entre autres douceurs, de délicieux gâteaux et de sublimes gaufres. (03 20 55 35 55 ; 118 rue Esquermoise ; lun-ven 7h-20h, sam 7h30-19h30 ; M Rihour)

L'Estaminette PRODUITS RÉGIONAUX

117 PLAN J4

À l'entrée du restaurant L'Estaminet Lillois (p. 66), un large panel de produits régionaux bon marché :

limonade, chicorée, babeluttes (bonbons à la cassonade), gaufres fourrées... ainsi que des objets souvenirs. (03 66 73 34 33 ; www.lestaminette.com ; 21 rue de la Barre ; mar-sam 11h-19h ; M Rihour)

Boutique de la cathédrale

ARTISANAT MONASTIQUE

118 PLAN K4

Au sous-sol de la cathédrale (p. 60), cette boutique vend de l'artisanat monastique ainsi que des produits bio et gourmands. Elle permet aussi d'admirer les croisées d'ogives de la crypte de l'édifice. (09 70 35 21 41 ; parvis de la cathédrale, pl. Gilleson ; lun 14h-18h30, mar-sam 9h30-18h30 ; M Rihour)

Gallodrome

T-SHIRTS LOUFOQUES

119 PLAN J5

Vous trouverez ici des T-shirts jouant avec les clichés du Nord, concoctés par un pool de graphistes inventifs. Les blagues sont plus ou moins fines, mais reflètent parfaitement le côté bon vivant du ch'ti. Idéal pour des souvenirs qui durent. Trois boutiques dans le centre-ville. (03 20 68 30 30 ; 96 rue Esquermoise, 8 pl. du Général-de-Gaulle, 17 rue de la Vieille-Comédie ; lun-sam 10h-19h ; M Rihour)

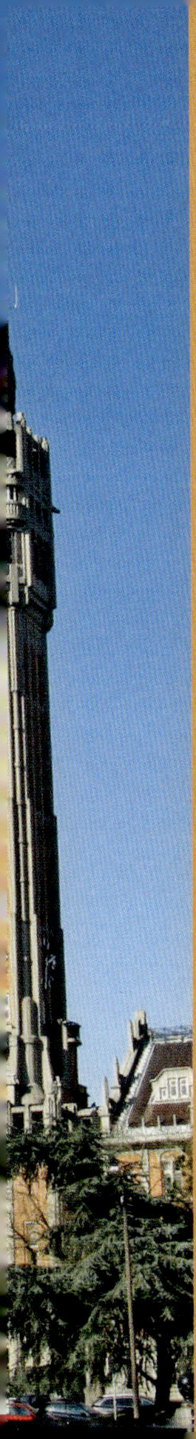

Explorer

République et Saint-Sauveur

Sur la place de la République, le palais des Beaux-Arts (p. 84) rayonne, impérial, sur un quartier né dans la seconde moitié du XIXe siècle. Il s'étire en immeubles bourgeois boulevard de la Liberté, et court vers la place Philippe-le-Bon, historique noyau estudiantin. Ce "Quartier latin" lillois est le secteur de Lille le plus remuant de ces dernières années. Autour de la place Sébastopol – fréquentée pour son théâtre, son marché gourmand du mercredi et du samedi matin, les bonnes tables et les bars branchés se multiplient –, hors de la rue Masséna, la traditionnelle artère festive de Lille. À l'est, le quartier se prolonge vers l'ancienne Gare Saint-Sauveur, muée en lieu d'exposition et de concert attirant une population bohème. Dans le prolongement du parc Jean-Baptiste-Lebas, se dresse l'ancien quartier ouvrier Saint-Sauveur, la Porte de Paris, ainsi que l'hôtel de ville et son beffroi (p. 92) qui dévoile l'un des plus beaux panoramas sur la ville.

Comment y aller

Ⓜ Ligne 1, République-Beaux-Arts, pour le palais des Beaux-Arts

Ⓜ Ligne 2, Mairie-de-Lille et Lille-Grand-Palais, pour le beffroi et la Gare Saint-Sauveur

La Porte de Paris et le beffroi de l'hôtel de ville (p. 92) NICOLAS CHAUVEAU ©

Les incontournables

Palais des Beaux-Arts

*Bâtiment Belle Époque datant de la fin du XIX*e *siècle, à l'atrium couvert d'une verrière, le palais des Beaux-Arts rassemble une collection exceptionnelle. Peintures, sculptures, objets d'art et d'archéologie couvrent l'ensemble des mouvements artistiques européens de l'Antiquité au XX*e *siècle. À la fois chronologique et thématique, la muséographie s'échelonne en 26 salles, sur 3 niveaux.*

PLAN K8

03 20 06 78 00 ; pl. de la République ; www.pba-lille.fr ; 7/4 €, gratuit 1er dim du mois et tous les dimanches pour les Lillois, Lommois et Hellemmois

lun 14h-18h, mer-dim 10h-18h, fermé les 1er jan, 1er mai, 14 juil, 1er nov et 25 déc

M République/Beaux-Arts

Écoles flamandes (XVIe-XVIIe siècle)

Au 1er étage, maniéristes du Nord, École d'Anvers, tableaux d'autel, cabinets flamands... s'imposent au travers d'œuvres majeures : *Le Dénombrement de Bethléem* de Brueghel le Jeune, *La Descente de croix* et *Sainte Madeleine en extase* de Rubens ou encore *Allégorie des vanités du monde* de Boel.

Peinture française du XIXe siècle

Delacroix, Géricault, Courbet, Manet, Monet... Occupant près de la moitié du 1er étage, la section consacrée aux peintres français du XIXe siècle dessine un foisonnant parcours en 6 salles, au cœur des grands courants de l'époque.

Pavillon espagnol

Incartade dans l'art hispanique, brève, mais des plus remarquables : on y admire *Les Jeunes* et *Les Vieilles*, des chefs-d'œuvre de Goya mis en perspective avec le Greco et Ribera.

Galerie des sculptures

Lumineuse galerie de personnages, l'aile sud du musée, au rez-de-chaussée, est entièrement peuplée de sculptures, figurant les styles majeurs du XIXe siècle. Quelque 135 œuvres y prennent place, parmi lesquelles *L'Ombre* de Rodin et *Pénélope* de Bourdelle.

Moyen Âge et Renaissance

Exposée au sous-sol, sous des voûtes de brique rouge, cette collection dense regroupe objets d'orfèvrerie et ivoires, sculptures et peintures, de l'Europe médiévale et de la Renaissance. Citons *Le Festin d'Hérode* de Donatello dans la galerie italienne, *L'Ascension des élus* et *La Chute des damnés* de Dirk Bouts dans celle consacrée aux anciens Pays-Bas.

★ À savoir

- Les lustres en verre multicolore de l'entrée sont de l'architecte et designer italien Gaetano Pesce.
- L'application PBAlille est gratuite sur l'App Store et Google Play.
- "Un midi, un regard" : un vendredi par mois, à 12h30, visites décalées de 30 minutes pour voir l'art autrement (1 € + entrée).
- Visites jeune public (à partir de 6 ans), un dimanche par mois à 15h30 (4 € + entrée, gratuit - 18 ans).
- Dans l'atrium du musée (en accès libre), une boutique et des tables numériques pour découvrir les œuvres du musée à la loupe.

Une petite faim ?

Au sein du musée, le **Beau Café** (☎ 09 51 60 07 56) propose de la petite restauration. À deux pas, Le Ici (p. 96) ou le Lovibond (p. 100) comblent les petites faims et se prêtent aux pauses-café.

Promenade à pied

Un dimanche à Wazemmes

Rattaché à Lille en 1858, Wazemmes a conservé une forte identité, aimantant artistes et étudiants, créatifs et familles bohèmes. Une population colorée à l'image de son célèbre marché du dimanche – le plus étendu de France –, endroit incontournable pour qui veut saisir cette part populaire et multiculturelle de l'art de vivre à la lilloise.

Comment y aller

M Ligne 1, arrêts Gambetta, Wazemmes ou Porte-des-Postes

❶ Marché de Wazemmes

Étals de fruits et légumes, épices, vêtements, bouquinistes et brocanteurs… Le marché s'étend, 3 jours par semaine, autour des belles halles, mais c'est le dimanche que l'on s'y presse. (pl. de la Nouvelle-Aventure ; marché mar, jeu et dim matin, jusqu'à 14h sem, 15h dim ; halles mar-sam 8h-20h, dim 8h-15h)

❷ Les Tilleuls

Repaire du quartier, avec sa terrasse face à l'église, au soleil entre 11h et 15h. (03 20 54 49 67 ; 32 rue Saint-Pierre-et-Saint-Paul ; lun-sam 10h30-22h, dim 7h30-17h30)

❸ Le Cheval Blanc

Bistrot joyeux à l'ambiance guinguette multigénérationnelle. Concerts le dimanche de 14h à 19h30. (03 20 40 65 41 ; 56 rue des Sarrazins ; mar-dim 8h-20h)

❹ La Réserve

Cuisine traditionnelle privilégiant les légumes frais. Concerts certains soirs. (03 62 28 51 02 ; 47 rue du Marché ; plats 13-19 € ; lun-ven 10h-15h, dim 9h-16h)

❺ Le Cirque

Restaurant décontracté pour des plats bio et locaux (dont un très bon welsh) ou un verre en soirée. Soirées concerts le week-end. (03 62 10 76 96 ; 139 rue des Postes ; plats 6,50-9,50 € ; lun-jeu 17h-minuit, ven 12h-1h, sam 12h-2h, dim 18h-minuit)

❻ Maison Folie

Incontournable lieu culturel, implanté dans l'ancienne filature Leclerc réhabilitée par l'architecte Lars Spuybroek. Expos et spectacles. (03 20 78 20 23 ; www.maisonsfolie-lille.fr ; 70 rue des Sarrazins ; accueil mar-ven 14h-18h, expos mer-dim 14h-19h)

❼ Hammam Zein

Un hammam d'exception, ouvert aux familles (à partir de 7 ans) le dimanche. (03 20 14 34 34 ; Maison Folie de Wazemmes ; lun-dim 12h-20h, hommes jeu 17h-20h, mixte sam-dim ; hammam seul 22 €)

❽ Les Sarrazins

Café citoyen où l'on se réunit autour d'un café et/ou de projets collectifs pour animer le quartier. À mi-chemin entre la place du Marché et la Maison Folie. (09 62 67 37 34 ; les-sarrazins.org ; 52 rue des Sarrazins ; lun-ven 11h-minuit, sam 14h-minuit, dim 12h-minuit)

❾ Le Stout

Une institution qui relève autant du chalet savoyard que de l'estaminet flamand, où la convivialité est toujours au rendez-vous. (03 20 54 88 40 ; 321 rue Léon-Gambetta ; lun-jeu 8h-20h, ven 8h-1h, sam 8h-2h, dim 7h-minuit)

❿ La Malterie

Une ancienne brasserie convertie en résidence d'artistes. Concerts fréquents. (03 20 15 13 21 ; www.lamalterie.com ; 42 rue Kuhlmann)

Promenade à pied

Une journée à Moulins

Dans cet ancien quartier ouvrier, à deux pas de la Gare Saint-Sauveur (p. 95), les sites industriels sont peu à peu réhabilités en fabriques culturelles ou en lieux universitaires. En soirée, restos et bars alternatifs animent ce secteur fréquenté en journée par des centaines d'étudiants.

Comment y aller

M Ligne 1, arrêts Porte-de-Valenciennes, Porte-de-Douai ou Porte-d'Arras

❶ Fac de droit

Depuis 1995, la faculté de droit est implantée dans l'ancienne filature Le Blan construite en 1900. C'est la plus connue parmi la dizaine de filatures de lin et de coton qui remplacèrent, à partir des années 1830, les moulins à huile et à farine, à l'origine du nom du quartier.

❷ Le Prato

Labellisé Pôle national cirque, ce théâtre, emmené par l'infatigable clown Gilles Defacques, est (depuis 1973 !) l'une des scènes les plus reconnues de Lille (voir aussi p. 24-25). (☎03 20 52 71 24 ; www.leprato.fr ; 6 allée de la Filature ; ⏲lun 14h-18h, mar-ven 10h-12h30 et 14h-18h)

❸ Courées

L'architecture massive des usines du quartier, destinée à rappeler la puissance de l'industriel, s'oppose aux petites maisons ouvrières, très présentes à Moulins. Parfois, ces logis s'articulent autour d'une cour donnant sur la rue, d'où leur nom de "courées", un habitat typique du Nord. On peut en observer de beaux exemples au n°9 de la place Fernig (cour Caron), au n°18 de la rue de Condé (cité Lenfant) ou au n° 49 de la rue de Trévise (cour Moderne).

❹ Maison Folie de Moulins

L'ancienne Brasserie des Trois Moulins rassemble les familles du quartier autour d'expos, de spectacles et de concerts. (☎03 20 95 08 82 ; www.maisonsfolie-lille.fr ; 47-49 rue d'Arras ; ⏲accueil mar-ven 14h-18h, expos mer-dim 14h-19h)

❺ FLOW

À deux pas de la Maison Folie, le FLOW (Centre eurorégional des cultures urbaines) est un lieu de création et de diffusion du graff, du rap, du slam et des danses urbaines, à découvrir à l'occasion d'expos et de concerts. (☎03 62 14 59 52 ; www.flow-lille.fr ; 1 rue de Fontenoy ; ⏲mar 14h-20h, mer-jeu 14h-22h, ven-sam 14h-18h)

❻ Le Liautey

Cette ancienne brasserie a conservé son sol en damier noir et blanc, ses banquettes en skaï et des 45 tours des années 1970, désormais accrochés au mur. Une clientèle bohème de profs et d'étudiants a remplacé les ouvriers d'antan, mais l'atmosphère est toujours à la discussion et à la bonne humeur. (☎09 52 44 23 98 ; 12 rue de Wazemmes ; ⏲lun-ven 9h30-minuit, sam 17h30-minuit)

❼ L'Univers

Ce cinéma de quartier fait la part belle aux documentaires sociétaux et aux conférences-débats. Séances jeune public le mercredi. (☎03 20 52 73 48 ; lunivers.org ; 16 rue Georges-Danton ; ⏲fermé juil-août)

Voir

Théâtre Sébastopol MONUMENT

120 PLAN J9

Au bout de la rue Inkermann en partant de la place de la République, ce théâtre à la façade rouge et à l'entrée ornée de deux atlantes fut construit en 1903 en 100 jours, pour remplacer l'ancien Grand Théâtre qui venait de brûler. Sa salle de 1 350 places accueille concerts et one-man-show et assure une proximité rare entre le public et les artistes. (03 20 54 44 50 ; www.theatre-sebastopol.fr ; pl. Sébastopol ; billetterie mar-ven 12h30-18h30 ; M République-Beaux-Arts)

La Maison Coilliot

Place Philippe-le-Bon PLACE

121 PLAN K9

Dominée par l'église Saint-Michel, la place était l'épicentre du "Quartier latin" lillois dans les années 1880. Les facultés de droit et de lettres, pendant laïc de l'université catholique du boulevard Vauban, ont emménagé là, avant d'être transférées à Villeneuve-d'Ascq en 1974, puis dans le quartier de Moulins. Avec l'emménagement en 2017 de Sciences Po Lille dans l'ancienne faculté de lettres de la rue Angellier, à deux pas de l'École supérieure de journalisme, le quartier a retrouvé sa vocation étudiante.

Synagogue de Lille LIEU DE CULTE

122 PLAN L9

Près de la place du Temple, la première synagogue de la ville fut édifiée en 1890 ; une communauté juive se constitua à Lille après la guerre de 1870, avec l'arrivée de juifs venus d'Alsace. (03 20 51 12 52 ; 5 rue Auguste-Angellier ; visite lors des Journées du patrimoine ; M République-Beaux-Arts ou Lille-Grand-Palais)

Temple protestant LIEU DE CULTE

123 PLAN L9

En face de la synagogue, ce bâtiment de brique et de pierre achevé en 1875 abrite le temple de l'église protestante unie de Lille.

L'intérieur arbore une galerie en bois et un beau plafond à caisson en bois. (03 20 54 77 28 ; www.protestants-lille.fr ; pl. du Temple ; visite lors des Journées du patrimoine ; M République-Beaux-Arts)

Maison Coilliot

ARCHITECTURE

124 PLAN K10

Une surprenante maison Art nouveau, imaginée entre 1898 et 1900 par Hector Guimard (le concepteur des bouches de métro à Paris) pour un céramiste lillois : l'architecte joue notamment de l'émail pour mettre en valeur le travail de son commanditaire. Ne se visite pas. (14 rue de Fleurus ; M République-Beaux-Arts)

Musée d'Histoire naturelle

SCIENCES

125 PLAN M10

Autour d'une belle galerie conçue par l'ingénieur Alfred Mongy en 1911, les incontournables animaux naturalisés côtoient les squelettes de mammifères marins et préhistoriques, dont un impressionnant mégalosaure. Outre les sections "Zoologie" et "Géologie", le musée organise chaque année une expo temporaire qui permet de ressortir des pièces d'une réserve aussi importante que la collection exposée. Depuis juin 2020, le musée a entamé une phase de rénovation et d'agrandissement qui débouchera, à l'horizon 2024-2025, sur un grand musée de l'Homme, de la Nature et des Civilisations. (03 28 55 30 80 ; 23 rue Gosselet ; 3,60/2,60 €, gratuit -12 ans ; lun-ven 9h30-17h, sam-dim 10h-18h, fermé mar ; M République-Beaux-Arts)

L'Hospice Gantois (p. 92)

Refuge de l'abbaye de Marchiennes

SITE HISTORIQUE

126 PLAN M7

Datant des XVIIe et XVIIIe siècles, cet édifice un peu en retrait de la rue Pierre-Mauroy servait de refuge en cas de guerre à la célèbre abbaye. Derrière l'arche, s'ouvre une cour d'habitations en U appartenant à des particuliers qui, passionnés par leur bien, tentent de le préserver tel quel. (191 rue Pierre-Mauroy, ex-rue de Paris ; M République-Beaux-Arts ou Mairie-de-Lille)

Dans le "Quartier latin" lillois

Cour des Brigittines

ARCHITECTURE

127 PLAN M7

Au niveau du n°58 de la rue Gustave-Delory, se cache un passage pavé qui ouvre sur une partie de l'ancien couvent des Brigittines célèbre pour avoir été au centre d'une affaire de sorcellerie au XVIIe siècle. On ressort de cet îlot datant en partie de cette époque, perdu au milieu des constructions modernes, avec un pincement au cœur en imaginant ce qu'était le quartier Saint-Sauveur avant son "assainissement" par un urbanisme d'après-guerre peu soucieux de préserver le patrimoine. (58 rue Gustave-Delory et rue Saint-Sauveur ; courée en libre accès ; M Mairie-de-Lille)

Hospice Gantois

SITE HISTORIQUE

128 PLAN M8

Fondé en 1460 par un riche marchand, Jean de la Cambe, afin de porter secours aux pauvres, aux nécessiteux et aux malades, l'édifice, prévu pour 13 personnes au départ, s'agrandit au fil des siècles. Les bâtiments actuels, de style flamand, datent essentiellement des années 1650. Le bel édifice est désormais un hôtel de luxe, L'Hermitage Gantois, doublé de deux restaurants (p. 100) et d'un bar design (p. 103). La chapelle est en libre accès. (www.hotelhermitagegantois.com ; 224 rue Pierre-Mauroy, ex-rue de Paris ; visite guidée mar 14h30 par l'Association du musée régional hospitalier de Lille 03 20 44 59 62, poste 339.17, directement sur place ou réservation obligatoire pour les groupes de plus de 4 pers ; M Mairie-de-Lille)

Hôtel de ville et beffroi

MONUMENT

129 PLAN N8

Bâtie dans la foulée des travaux de reconstruction des années 1920, cette imposante mairie peut se targuer d'avoir le plus haut beffroi civil d'Europe (104 m), inscrit au patrimoine mondial de l'humanité en 2005. Avec ses motifs floraux en béton, ses balustrades en fer forgé et ses céramiques bleues vernissées, le bâtiment résume à lui seul le style "Art déco régionaliste", typique de l'architecture lilloise de l'entre-deux-guerres. Attention :

l'accès au beffroi se fait en montant une centaine de marches, puis par un ascenseur. En haut, depuis la terrasse, vous attend un panorama fabuleux à 360°, avec vue par temps clair jusqu'aux monts de Flandres. (03 20 49 50 00 ; pl. Augustin-Laurent ; beffroi tlj 10h-13h et 14h-17h30, dernières montées 30 min av. fermeture ; 7,5/6 €, billetterie sur place, audioguide 2 €, jumelles 1 €, gratuit 1er mer du mois et -de 6 ans ; M Mairie-de-Lille)

Porte de Paris

MONUMENT

130 PLAN M8

Cet impressionnant arc de triomphe, au centre d'une place circulaire bordée d'hôtels particuliers, a été construit entre 1685 et 1692 à la gloire du Roi-Soleil, par Simon Vollant, qui avait supervisé l'édification de la citadelle avec Vauban. Le nouveau parc Jean-Baptiste-Lebas (p. 95) et l'ancienne rue de Paris, rebaptisée Pierre-Mauroy en 2017, en forment maintenant les perspectives naturelles. (pl. Simon-Vollant ; M Mairie-de-Lille)

Fort du Réduit

FORTIFICATION

131 PLAN N8

Du fort Saint-Sauveur (son nom d'origine), construit par Vauban en 1671-1674 pour protéger le sud de la ville et impressionner les habitants du quartier, il ne reste que deux bâtiments, enserrant une **chapelle** (1707) entourée d'un joli square. Ils abritent aujourd'hui le Centre de recrutement de l'armée. Le fort a perdu sa fonction militaire au milieu du XIXe siècle et la plupart des

L'hôtel de ville

Chez Léontine

édifices ont alors été rasés. (rue du Réduit ; M Lille-Grand-Palais)

Pavillon Saint-Sauveur

SITE HISTORIQUE

132 PLAN N8

C'est l'unique vestige du plus ancien édifice hospitalier de Lille, l'hôpital Saint-Jean fondé au XIIIe siècle par la comtesse Jeanne de Flandre. Le pavillon lui-même et son cloître datent de 1730. (99 rue Saint-Sauveur ; M Lille-Grand-Palais)

Église Saint-Sauveur

ARCHITECTURE

133 PLAN N8

Ravagée par un incendie en 1896, elle fut reconstruite dans un style néobyzantin en 1901. Des éléments du mobilier de l'ancienne église ont été conservés, comme l'orgue de chœur (XVIIIe siècle), les 5 vitraux du chœur de Didron (1867) et l'autel des Saints-Anges du sculpteur anversois Verlinden (1879-1884). Dégradée par le temps et déclarée en état de péril, elle est fermée au public... en attendant sa rénovation. (☎ 03 20 52 79 02 ; rue Saint-Sauveur ; M Lille-Grand-Palais)

Noble Tour

FORTIFICATION

134 PLAN O8

Dans la rue contiguë à la rue du Réduit, la Noble Tour est le seul témoignage des 65 tours qui ponctuaient les remparts édifiés au début du XVe siècle (mais Vauban lui refit une beauté au XVIIe siècle). Elle accueille aujourd'hui le mémorial de la Résistance et de la Déportation, mais reste fermée actuellement au public pour des raisons de sécurité. (rue des Déportés ; M Lille-Grand-Palais)

Musée Pasteur

SCIENCES

135 PLAN O9

Pour les passionnés de sciences, ce musée à la scénographie entièrement revue en 2018 retrace l'histoire de l'Institut Pasteur de Lille, créé en 1894, et expose la postérité des travaux de Louis Pasteur, d'Albert Calmette et de Camille Guérin. (☎ 03 20 87 72 42 ; www.pasteur-lille.fr ; 18 bd Louis-XIV ; ⏲ sam-dim 10h-12h 14h-17h, visites sur réservation en semaine ; tarif plein/réduit 5/3 €, gratuit - 16 ans ; M Lille-Grand-Palais)

Parc Jean-Baptiste-Lebas

PARC

136 PLAN M10

Ce parc contemporain est venu gaiement remplacer un parking en 2006. Ses grilles rouges s'arrondissent parfois pour permettre aux flâneurs de s'asseoir, voire de se blottir. Venez avec vos bambins profiter des aires de jeux avec balançoires, toboggans, etc. Remarquez les superbes façades du côté des numéros pairs du boulevard Lebas, le long du parc. Le jardin constitue une perspective parfaite sur la Porte de Paris. Pour en savoir plus sur Jean-Baptiste Lebas, consultez l'encadré p. 112. (bd Jean-Baptiste-Lebas ; avr-sept 7h30-22h et oct-mars 7h30-21h, fermé en cas d'intempéries ; M Lille-Grand-Palais ou M Mairie)

Gare Saint-Sauveur

EXPOS, SPECTACLES

137 PLAN N10

Réhabilitée en 2009 pour accueillir Europe XXL, un événement Lille3000 (voir p. 19), cette ancienne gare de marchandises, datant de la révolution industrielle, est aujourd'hui l'un des établissements culturels incontournables de la Métropole : fêtes, expos, projections et concerts s'y tiennent chaque soir toute l'année, ainsi qu'un grand nombre d'activités pour les enfants (cinéma jeune public le mercredi, visites guidées des expos, espace jeux dans la Halle A au niveau du Bistrot de St So (p. 103). (03 20 52 10 39 ; www.lille3000.eu ; bd Jean-Baptiste-Lebas ; gratuit ; mer-dim 12h-19h ; M Mairie-de-Lille ou Lille-Grand-Palais)

Bazaar Saint-So

TIERS-LIEU

VOIR 137 PLAN N10

Au sein de la Gare Saint-Sauveur, la Halle B accueille depuis 2020 plusieurs espaces de coworking – dont certains gratuits – ainsi que des salles d'expositions temporaires. On y trouve aussi We Are Archi Open (WAAO), le centre d'architecture et d'urbanisme qui organise des événements destinés au grand public tout au long de l'année : expositions, visites, ateliers et soirées débats (03 20 14 61 15 ; www.waao.fr). Le lieu est géré par la coopérative Smart. (03 20 95 70 99 ; www.smartfr.fr/bureau/lille ; 292 rue Camille-Guérin ; gratuit ; lun-ven 8h-19h ; M Mairie-de-Lille ou Lille-Grand-Palais)

Se restaurer

Chez Léontine

SUR LE POUCE, BRUNCH €

138 PLAN K10

Située juste après la place Philippe-le-Bon, cette petite adresse, ponctuée de mobilier brocante, d'étagères de livres et de vaisselle rétro, rassemble jeunes familles et créatifs du quartier. Le midi, les plats du jour sains et bio (soupe, salade ou burger) sont rapidement pris d'assaut, ne laissant aux retardataires qu'une alternative gourmande : les irrésistibles gâteaux maison. Brunch le week-end sur réservation. (☎ 03 20 51 99 41 ; www.leontine.fr ; 217 rue Solférino ; plats 12 €, brunch 22 € ; mar-ven 12h-18h, sam 11h-18h, dim 11h-15h ; M République-Beaux-Arts)

L'Idéal

CAFÉ-ÉPICERIE €

139 PLAN L10

Tenue par trois copines, cette cantine décontractée rime avec local, mais aussi avec original : sandwichs au pastrami, fromage cumin et betterave du Nord, kéfir des Weppes, café colombien torréfié à Tourcoing... Belle sélection de bières locales. (☎ 03 20 60 31 78 ; 64 rue Jeanne-d'Arc ; plats 6-7 €, fomule 12 € ; lun-mer 12h-14h30, jeu-ven 12h-22h ; M République-Beaux-Arts)

Le Ici

TRADITIONNEL €

140 PLAN J8

Repaire d'habitués et d'étudiants, proche de la place de la République, ce petit café discret et plein d'esprit conjugue bistronomie roborative et petits prix. En semaine, plats du jour (dont un végétarien) à l'ancienne ou voyageurs (boulettes de veau, dhal de lentilles, parmentier de légumes...), servis au comptoir ou sur l'une des tables en Formica. Mieux vaut réserver. Le Ici est aussi parfait pour boire un verre en consultant la presse alternative et en écoutant une musique variée allant de l'électro au jazz et du rock au classique ! Expos d'artistes et concerts ou théâtre deux fois par mois. (☎ 09 86 25 62 17 ; 10 rue Inkermann ; plats 11-14 € ;

La Ducasse (p. 98)

ALEXANDRE LENOIR ©

mar-sam 12h-14h45, lun-jeu 17h30-minuit, ven 17h30-1h, sam 17h30-2h ; M République-Beaux-Arts)

Les Oiseaux

CUISINE CRÉATIVE **€€**

141 PLAN J8

Dans un décor très chaleureux, mélange de briques apparentes, de palissade en bois et de plantes vertes, on savoure ici de petits plats cuisinés avec attention et originalité. À l'image de ce pavé de bœuf snacké et sa mousseline de persil ou de ce lieu jaune roulé au bacon. Réservez si vous souhaitez profiter de la petite terrasse intérieure, très agréable en été. (07 66 15 95 79 ; lesoiz.fr ; 7 rue Inkermann ; plats 14-18 € ; mar-sam 12h-14h30 18h30-20h30, dim 12h-14h30 ; M République-Beaux-Arts)

Le Verlaine

BRASSERIE RAFFINÉE **€**

142 PLAN M10

Si vous cherchez une adresse sans fioriture où l'on déjeune très bien à petits prix, bienvenue au Verlaine. Ici, on a le tutoiement facile, que ce soit avec les serveurs ou les habitués accoudés au bar en contreplaqué. Sur des banquettes en skaï rouge, on déguste une cuisine française maison (filet de cabillaud, gratin de crozets, onglet-frites...) toujours agrémentée d'une petite touche personnelle du chef. (03 59 52 81 79 ; 48 bd Jean-Baptiste-Lebas ; plats 12-13,50 € ; lun-ven midi ; M République-Beaux-Arts)

Hopen Source

BIO **€€**

143 PLAN L7

Fermée en 2017, l'adresse bio la plus célèbre de Lille – à la fois cantine et épicerie – a réouvert en 2018. Moins de quinoa et de graines dans l'assiette, mais des plats plus élaborés : un poisson, une viande et une assiette végétarienne chaque jour, toujours accompagnés de légumes bio de saison. À des prix très raisonnables au vu de la qualité des produits. Seul bémol, une salle à manger certes lumineuse mais qui manque un peu de personnalité. (03 20 88 33 08 ; www.hopensource.com ; 13 rue du Plat ; plats 9,50-13 € ; mar-ven 10h-19h, sam 10h-18h ; M République-Beaux-Arts)

Le Sébastopol

BISTRONOMIE **€€€**

144 PLAN J9

Un décor épuré où les plantes vertes côtoient de jolies gravures en noir et blanc et qui ne laisse aucun doute sur la philosophie qui guide le chef de cette adresse : une cuisine saine à base de produits bio et locaux. Le bar se déguste avec des topinambours et une mandarine rôtie, le veau avec des salsifis confits à la sauce de canard. Très bon plan le midi avec un plat du jour à 14 €. Détail qui n'en est pas un : le pain est excellent. (03 20 13 13 38 ; www.restaurantsebastopol.com ; 1 pl. Sébastopol ; plat du jour midi 14 €, plats 19-27 €, menu dégustation 60 € ; lun-sam 12h-14h 19h-22h ; M République-Beaux-Arts)

Octopus

CUISINE DE MARCHÉ €€

145 PLAN J9

Si le poulpe a donné son nom au lieu et qu'il s'étale, dessiné en couleur sur l'un des murs de cette nouvelle adresse, c'est que le chef a appris à travailler ce produit difficile auprès de plusieurs bonnes tables lilloises avant d'ouvrir son propre établissement. Le poulpe figure donc en permanence sur la carte aux côtés de produits locaux (navets, choux-fleurs, poireaux..) transformés sans exubérance mais avec beaucoup d'originalité. Mention spéciale à l'espacement entre les tables qui préserve l'intimité des convives. (03 20 57 14 39 ; www.restaurant-octopus-lille.fr ; 2 pl. Sébastopol ; plats 17 €, menu 23-28 € ; lun-mer 12h-14h, jeu-sam 12h-14h 19h30-21h ; M République-Beaux-Arts)

Mother

BURGER €€

146 PLAN M11

À la fois bar et brasserie, le Mother fait parler de lui pour sa déco de cantine industrielle joliment réussie. Dans l'assiette, rien de renversant : des burgers et quelques plats régionaux. Allez-y pour ses grands volumes et ses retransmissions de matchs, mais à éviter si vous fuyez les ambiances bruyantes et les écrans plasma. Brunch le dimanche. (09 53 37 86 25 ; 29 bd Jean-Baptiste-Lebas ; plats 12-16 €, brunch 26 € ; mar-jeu 11h-minuit, ven 11h-1h, sam 11h-2h ; M Mairie-de-Lille ou République-Beaux-Arts)

Les Petits Poissons

BAR À FRUITS DE MER €€

147 PLAN M11

Soucieux de rajeunir et démocratiser l'offre de fruits de mer à Lille, Marine et Alexandre gèrent avec succès ce petit resto chaleureux sans nappe blanche, musique pop en fond sonore, à deux pas de Saint-Sauveur, temple lillois de la branchitude. Ambiance bobo-décontractée en afterwork autour d'un verre de vin blanc et de tapas de la mer (saint-jacques poêlées, ceviche de dorade, couteaux...). Plus romantique en soirée pour déguster le plat phare de la maison – le homard-frites-salade (32 €) – ou pour s'attaquer à de généreux plateaux de fruits de mer. (03 20 87 38 67 ; www.lespetitspoissons.fish ; 66 bd Jean-Baptiste-Lebas ; formules midi 19-23 € ; plateaux 26-49 € ; mar-sam 12h-14h et 18h30-22h30, lun 18h30-22h ; M Mairie-de-Lille ou République-Beaux-Arts)

La Ducasse

TERROIR €€

148 PLAN G7

Une adresse trentenaire connue pour ses copieux plats régionaux et qui propose un bon rapport qualité/prix. Affiches et vieilles réclames aux murs, tables à touche-touche et conversations sonores. Déconseillée pour un dîner en amoureux. (03 20 57 34 10 ; www.laducasse.fr ; 95 rue de Solférino ; plats 13,50-20,50 € ; lun-sam 12h-14h et 19h30-22h30 ; M République-Beaux-Arts)

Passe Porc

L'Gaïette

TERROIR €€

149 PLAN H7

Ne vous fiez pas à son extérieur moderne : il dissimule un estaminet chaleureux, où carrelage et vitraux 1900 font le décor d'une carte aux accents ch'ti. Le bois y est lourd, le patron, charmant, et les tablées, bavardes, festoient de flamiche au maroilles, de welsh ou de carbonnade accompagnés d'une Secret des Moines à la pression. (03 20 54 81 88 ; www.lgaiette.fr ; 30 rue Masséna ; plats 13,50-20,90 €, menu midi et soir 20,50 € ; lun-sam 12h-14h, dim 19h-22h ; M République-Beaux-Arts)

Passe Porc

VIANDE ET TRIPES €€

150 PLAN J8

Seule triperie de Lille, ce restaurant est une institution ! Amateur de bonne viande et adepte de cochonnailles, triperies et autres abats, précipitez-vous pour y déguster des pieds de porc maison, un onglet tige façon Villette ou un succulent museau. (03 20 42 83 93 ; 155 rue de Solférino ; plats 16,50-25 € ; lun-sam 12h-15h et ven-sam 19h-23h ; M République-Beaux-Arts)

L'Avant-Scène

CUISINE DE SAISON €€

151 PLAN K9

Ne soyez pas décontenancé par les projecteurs fluo et les tableaux flashy qui colorent les lieux. Derrière sa vitrine de verre, devant les convives, le chef manie avec brio les produits de saison. À la carte, des plats classiques du terroir : carbonnade, welsh, tourte au maroilles, bœuf sauce maroilles... Bon rapport qualité/prix et accueil chaleureux à l'image des gens du Nord. (03 20 57 36 29 ; www.restaurant-lavantscene.fr ; 8 pl. Philippe-le-Bon ; plats 12-21 €, formules midi 17-21 € ; mar-sam 11h45-14h30 et 19h-23h ; M République-Beaux-Arts)

Le Lovibond BAR-RESTO CULTUREL €€

152 PLAN K8

Les grandes baies vitrées donnant sur le palais des Beaux-Arts lui confèrent des airs de café new-yorkais. L'ambiance intello-branchée à l'intérieur aussi. Musique jazzy, photos au mur, jeux de société à disposition... Ouverte en septembre 2018, cette (bonne) cantine se transforme en bar à la nuit tombante. À midi, cuisine de grand-mère (pot-au-feu, rôti de porc, poulet sauce maroilles) toujours à base de produits locaux. Bon choix de bières artisanales en pression. (03 20 54 33 32 ; 169 rue de la Liberté ; plats 10-15 € ; resto lun-ven midi bar lun-jeu et dim 17h-minuit, ven 17h-1h sam 17h-2h ; M République)

Cul de Poule CUISINE FAMILIALE €

153 PLAN N9

Parmi les cantines colorées à la cuisine légère ayant fleuri ces dernières années dans le quartier, cette adresse ne se distingue pas seulement par son patronyme osé (en réalité, le nom d'un saladier arrondi). Un peu à l'écart du centre, entre le beffroi de la mairie et l'hôtel de région, elle propose des p'tits plats simples (pâtes, gratin dauphinois, rougail saucisse...) mais toujours très réussis, des quiches originales et des gâteaux succulents. Le tout réuni dans une formule à prix imbattable pour du fait maison. (09 54 94 86 96 ; 11 bd Louis-XIV ; formule 9,90 € ; lun-ven11h30-15h ; M Palais-des-Beaux-Arts)

L'Estaminet Gantois TERROIR GOURMET €€

VOIR 128 PLAN M8

Dans la tradition flamande, cet estaminet offre l'occasion d'un repas décontracté autour d'une cuisine régionale, goûteuse et aboutie, mettant en exergue la qualité de ses produits : foie gras à la fleur de bière, poulet gratiné au maroilles, carbonnade flamande, "chtiramisu" ou caramel au beurre salé... Décor simple et chaleureux de poutres et de bois ponctué de rouge. (03 20 85 30 30 ; 224 rue Pierre-Mauroy, ex-rue de Paris ; plats 14,50-24,90 € ; tlj 12h-14h30 et 19h-22h30 ; M Mairie-de-Lille ou République-Beaux-Arts)

Restaurant de L'Hermitage GASTRONOMIE €€€

VOIR 128 PLAN M8

Dans le restaurant de l'hôtel L'Hermitage Gantois, des voûtes rouge et or et une cheminée assurent une ambiance chaleureuse et paisible pour une carte classique, raffinée et inventive, renouvelée tous les trois mois. (03 20 85 30 30 ; 224 rue Pierre-Mauroy, ex-rue de Paris ; plats

27-32 €, menu 58-72 € ; mar-sam 19h-22h30 ; M Mairie-de-Lille ou Lille-Grand-Palais)

Prendre un verre

Le soir, la rue Masséna et ses alentours sont surnommés les "rues de la soif" : bars et clubs s'y égrènent dans une ambiance festive et estudiantine, non sans débordements éthyliques. Si la plupart sont à fuir, un ou deux, cités ici, font encore exception à la règle. Vous trouverez sans doute davantage votre bonheur le long de la rue des Postes qui a vu fleurir les bars branchés ces dernières années ou sur le pourtour des places Philippe-le-Bon et Jean-Baptiste-Lebas.

Coffee Makers

COFFEE SHOP

154 PLAN M6

Amateur de caféine, prenez le temps de vous arrêter ici ! Dans leur petit café cosy, aux (vrais) airs de *coffee shop* anglo-saxon, Collin et Mat s'évertuent à sublimer l'arôme et la subtilité du petit noir. Au fond de la cour, un atelier où ils torréfient eux-mêmes les précieuses petites fèves, choisies dans le respect d'une démarche écologique. On y trouve également le midi des en-cas frais, goûteux et bon marché d'inspiration coréenne eu égard à la nationalité de la cheffe en cuisine. Et une farandole de desserts maison absolument délicieux. Brunch (19 €) le week-end de 11h à 14h et formules petits-déjeuners le matin (jusqu'à 11h). (09 73 55 93 60 ou 06 36 11 56 06 ; 151 rue Pierre-Mauroy, ex-rue de Paris ; lun-ven 9h-18h, sam 9h30-18h, dim 14h-18h ; M Mairie-de-Lille)

L'Impertinente

SALON DE THÉ

155 PLAN M9

La baie vitrée embuée de cette petite adresse à deux pas du parc Lebas témoigne de son succès. Il y a du monde, beaucoup de monde pour se délecter des cheese-cakes, cookies et autres gâteaux maisons préparés par Marine. Adresse kids-friendly et brunch le week-end. (09 83 87 34 20 ; limpertinente.fr ; 9 bd Papin ; mer-dim 13h-18h30 ; M République-Beaux-Arts)

L'Écart

CAFÉ CULTUREL

156 PLAN L9

Caché derrière la place Philippe-le-Bon, ce café culturel, resté dans son jus des années 1970, porte bien son nom. Intellectuel et tranquille le jour, il s'anime dès que la lumière orangée des lustres rétro s'allume. Clientèle d'habitués – étudiants et trentenaires bohèmes – et musique éclectique de qualité. Le midi et le mercredi soir, cuisine dite "internationale et sans frontières" bio et/ou vegan. (26 rue Jeanne-d'Arc ; lun-jeu 10h-minuit, ven 10h30-1h, sam 16h-2h ; M République-Beaux-Arts)

Le Carré des Halles

BAR ROCK

157 PLAN G7

Institution lilloise en matière de rock, ce petit bar sans prétention

L'universel à portée de main

L'**association Attacafa** (03 20 31 55 31 ; attacafa.com ; 109 rue de Douai ; M Porte-de-Douai), scène universelle nomade, existe depuis plus de 25 ans. Créatrice de la Louche d'Or, un rendez-vous mêlant saltimbanques et apprentis soupiers le 1er mai, place de la Nouvelle-Aventure, à Wazemmes, Attacafa rapproche des cultures diverses : métissage et chaleur humaine sont au rendez-vous. Elle met également sur pied des concerts de musiques du monde en investissant des scènes lilloises (Opéra de Lille, Maisons Folie, etc.) et dispense des cours d'oud.

officie depuis près de 40 ans. Talents et succès obligent, vous serez au coude-à-coude avec votre voisin, au milieu d'une faune bigarrée. Soirées metal le jeudi soir et concerts acoustiques réguliers. (03 20 54 61 23 ; 3 rue des Primeurs ; lun-sam 16h-2h, dim 17h-23h ; M République-Beaux-Arts)

La Pépite BAR CANTINE

158 PLAN J9

Ouvert à l'été 2018 par trois copains, ce bar suscite un tel engouement chez la jeunesse estudiantine du quartier que les vendredi et samedi soir, le trottoir semble faire partie des lieux. Raison d'un tel succès ? "Les pépites de la semaine" : des tapas inventives maison à prix modérés. À partager en groupe accompagnées d'une bière locale. événements festifs (concert, DJ set) une fois par mois. (03 20 40 24 80 ; www.lapepitelille.fr ; 12 pl. Sébastopol ; lun-jeu 17h-minuit, ven 17h-1h, sam 17h-2h et dim 17h-23h ; M République-Beaux-Arts)

Tir Na Nog PUB IRLANDAIS

159 PLAN K10

Jouxtant l'église Saint-Michel, cet *Irish bar* est, depuis la nuit des temps, un repaire incontournable d'étudiants. Il sert, dit-on, les meilleurs stouts (bières brunes) de Lille, ainsi que quelques plats *british* le midi : *fish and chips*, welsh, burgers… Au programme : rock irlandais, fléchettes, retransmissions de matchs et conversations animées autour de la cheminée au feu… de tourbe irlandaise ! (03 20 54 66 69 ; www.tirnanog.fr ; 30 pl. Philippe-le-Bon ; lun-mer 11h30-minuit, jeu 11h30-2h, ven 11h30-3h, sam 17h-2h ; M République-Beaux-Arts)

Le Triporteur BAR-RESTAURANT €€

160 PLAN L12

Malgré la proximité du boulevard Victor-Hugo, on prend plaisir à discuter tranquillement, assis en terrasse ou dans la salle aux baies vitrées autour d'une mousse locale. À la frontière entre les quartiers

République et Moulins. Burgers, *fish and chips* et risotto crémeux pour les affamés. (☎ 09 80 57 06 03 ; 63 bd Victor-Hugo ; plats 13-18 € ; ⏲ lun-ven 11h-14h et 19h-minuit, sam 16h-2h ; Ⓜ République-Beaux-Arts).

Le Bistrot de St So CAFÉ, BAR

161 PLAN N10

Logé dans le Hall A de l'ancienne Gare Saint-Sauveur (voir p. 95), le Bistrot de St So a ses adeptes, trentenaires et quadras bohèmes, principalement. Sous des néons roses et dans une ambiance conviviale, s'y tiennent apéros au débotté et soirées festives, notamment lors de spectacles et de concerts (voir p. 95). On peut aussi y déguster le midi une cuisine bistrot, simple et créative (plats 11-15 €). Belle terrasse avec transats en été. (☎ 03 20 32 05 42 ; 17 bd Jean-Baptiste-Lebas ; ⏲ mer-jeu 11h30-minuit, ven 11h30-1h, sam 11h30-2h, dim 11h30-21h ; Ⓜ Lille-Grand-Palais ou République-Beaux-Arts)

L'Hermitage Gantois CAFÉ, BAR

VOIR 128 PLAN M8

Au cœur de l'Hospice Gantois (p. 92), un bar spacieux et chaleureux au design contemporain et aux lumières tamisées, parfait pour boire un verre dans de confortables canapés en cuir sous une verrière. (☎ 03 20 85 30 30 ; 224 rue Pierre-Mauroy, ex-rue de Paris ; ⏲ lun-sam 8h-1h dim 8h-23h30 ; Ⓜ Mairie-de-Lille ou Lille-Grand-Palais)

Se ressourcer au hammam

C'est à de (trop) rares moments de bien-être qu'invite une sortie au hammam. En cela, le quartier est bien pourvu, qu'il s'agisse du Hammam Zein (p. 87), au sein de la Maison Folie de Wazemmes, ou de celui proche du parc Lebas, **Les Cent Ciels** (169 plan M11 ; ☎ 03 20 99 99 59 ; www.hammam-lescentciels.com/lille ; 64 bd Jean-Baptiste-Lebas ; ⏲ 9h30-22h, femmes mer et sam, jours mixtes lun-mar, jeu-ven et dim ; Ⓜ République-Beaux-Arts). L'atout de ce dernier ? Sa taille qui permet, en plus des pièces habituelles, d'accueillir trois bassins, glacé, tempéré et brûlant. N'hésitez pas à prolonger le plaisir par des soins relaxants. Évitez en revanche le restaurant. Port du maillot obligatoire les jours mixtes.

Sortir

Théâtre Sébastopol THÉÂTRE

VOIR 120 PLAN J9

Pourvu de 1 350 places assises, le "Sébasto" accueille pièces de boulevard et classiques, one-man-show ou concerts de variétés. Voir aussi p. 90. (☎ 03 20 54 44 50 ; www.theatre-sebastopol.fr ; pl. Sébastopol ;

billetterie mar-ven 12h30-18h30 ; République-Beaux-Arts)

La Verrière
THÉÂTRE

162 PLAN G8

Ce chaleureux théâtre associatif accueille toute l'année des compagnies de la région pour une quinzaine de spectacles axés sur l'humour, l'imaginaire et l'écriture contemporaine. Il s'attache aussi à rassembler un public de "partisans" du théâtre au moyen de rencontres, d'échanges et de formations. (09 52 23 35 63 ; www.verriere.org ; 23 rue Alphonse-Mercier ; République-Beaux-Arts ou Gambetta ; 12, arrêt Sacré-Cœur)

Le Spotlight
HUMOUR

163 PLAN H8

Une petite salle de 150 places qui programme spectacles humoristiques et one-man (et woman)-show. Scène ouverte aux nouveaux talents les lundi et mardi soir et le samedi après-midi. (06 60 31 71 09 ; www.spotlight-lille.com ; 100 rue Léon-Gambetta ; 16-20 €, scènes ouvertes 5 € ; lun-ven 17h-minuit, sam 14h-minuit ; République-Beaux-Arts)

La Comédie de Lille
THÉÂTRE

164 PLAN J8

Les pièces de boulevard (axées notamment sur les relations drolatiques entre hommes et femmes) rythment la saison de ce petit théâtre de 200 places. (03 20 53 54 94 ; www.comediedelille.fr ; 204 rue Solférino ; 15-25 € ; consultez le site ; République-Beaux-Arts)

La Boîte à Rire
CAFÉ-THÉÂTRE

165 PLAN G9

Troisième lieu dédié à l'humour dans ce quartier Gambetta-Solférino, devenu en quelques années le triangle d'or du théâtre de boulevard entre Bruxelles et Paris. Au programme, pièces comiques et one-man (et woman)-show. (07 77 88 29 21 ; www.laboitearirelille.com ; 252 rue Gambetta ; 15-20 € ; mar-sam 19h et 21h, dim 16h et 19h ; République-Beaux-Arts)

L'Hybride
CINÉMA, EXPOS

166 PLAN L10

Deux fois par semaine, ce cinéma indépendant, situé au fond d'une cour intérieure, projette des œuvres originales : documentaires, films d'animation, courts et longs-métrages, ciné-concerts... Le bar et les canapés moelleux en guise de fauteuil assurent la convivialité des lieux. Expositions, et boutique de DVD indépendants. (03 20 88 24 66 ; www.lhybride.org ; 18 rue Gosselet ; jeu-sam 19h-minuit, projection à 20h30 ; entrée 4 € + adhésion annuelle 1 € ; République-Beaux-Arts ou Lille-Grand-Palais)

La Gare Saint-Sauveur (p. 95)

Magazine Club

CLUB

167 PLAN P12

En lieu et place du mythique Opera Night, le Magazine Club fait désormais partie des clubs les plus tendance de la Métropole. Dans un décor brut et industriel, trois bars minimalistes peuvent accueillir jusqu'à 1 500 personnes. Vous y entendrez une programmation pointue de DJ électro-house internationaux, et y fréquenterez une clientèle éclectique, plutôt branchée. (03 20 90 88 62 ; www.magazineclub.fr ; 84 rue de Trévise ; 23h-7h ven-sam et veille de jours fériés ; 5-16 €, parfois gratuit avant minuit ; M Porte-de-Valenciennes)

Duke's

CLUB

168 PLAN L10

Valeur sûre du "Lille by night", le Duke's fait danser depuis 20 ans une clientèle de trentenaires. Deux salles pour deux ambiances : hip-hop et R'n'b d'un côté, plus généraliste de l'autre. (03 20 52 97 98, 06 89 88 87 16 ; 6 rue Gosselet ; gratuit ; ven 22h-7h, sam 23h-7h ; gratuit ; M République)

Shopping

Le quartier accueille deux fois par semaine le **marché Sébastopol** (plan J9, pl. Sébastopol ; mer et sam 7h-14h ; M République).

Explorer

Roubaix et Tourcoing

Fleurons de la fabrication textile aux XIXe et XXe siècles, Roubaix et Tourcoing ont subi avec violence le transfert de cette industrie vers d'autres pays du globe. Peu à peu, les deux villes – respectivement deuxième et troisième cités les plus peuplées du Nord après Lille – ont su se réinventer tout en mettant leur passé industriel en valeur. Les friches à la jonction des deux agglomérations se transforment en ruche d'entreprises dédiée aux nouvelles technologies.

Roubaix (p. 110) remplace peu à peu son image de "cité usine", populaire et métissée, par celle d'une cité créative et (multi)culturelle. Emboîtant le pas à sa voisine, Tourcoing (p. 122), au riche patrimoine culturel et en pleine rénovation urbaine, est un vivier créatif prêt à éclore. Initié en 2001 avec l'ouverture du musée de La Piscine (p. 108), dont le succès ne se dément pas, ce changement d'image du versant est de la métropole lilloise s'est poursuivi en 2015 avec l'ouverture au public de la superbe Villa Cavrois (p 128), château moderniste dessiné par l'architecte Mallet-Stevens et situé à Croix, à 10 minutes à pied au sud-est du grand parc Barbieux (p. 114).

Comment y aller

M Ligne 2, arrêts Roubaix-Grand-Place et Tourcoing-Centre

Arrêts Bol-d'Air, Parc Barbieux ou Roubaix Eurotéléport et Tourcoing-Centre

Le Rang des Drapiers (p. 111) BASILE VAILLANT ©

Les incontournables

La Piscine – musée d'Art et d'Industrie André-Diligent

Implantés dans un sublime bâtiment Art déco signé en 1932 par l'architecte Albert Baert, ces anciens bains publics destinés à la classe ouvrière roubaisienne, rassemblent désormais des peintures et des sculptures des XIXe et XXe siècles, ainsi que des œuvres des arts appliqués – céramiques, dessins et textiles –, mémoire du riche passé industriel local.

03 20 69 23 60 ; www.roubaix-lapiscine.com ; 23 rue de l'Espérance

mar-jeu 11h-18h, ven 11h-20h, sam-dim 13h-18h, fermé lun et jours fériés

M Roubaix-Grand-Place ou Gare-Jean-Lebas

Le bassin

Dans la lumière filtrée à travers les vitraux orangés, symboles des soleils levant et couchant, le visiteur se laisse bercer par le chuchotement de l'eau alimentant l'ancien bassin de la piscine. Le décor – balcons sculptés, mosaïques, tête de Neptune chevelue en grès ou "fontaine au lion" – se marie à merveille avec les sculptures qui semblent vouloir se mirer dans l'eau. Tout autour du bassin, sur 2 étages, les cabines de douche et de déshabillage ont été transformées en vitrines d'art appliqué exposant les collections textiles : vêtements, dessins, modèles, pièces de tissus et livres d'échantillons. Écoutez ! Vous entendrez toutes les 20 minutes des voix d'enfants qui chahutent dans l'eau, hommage sonore à la vocation originelle du lieu.

Les salles Beaux-Arts

Les anciennes salles de bains accueillent une centaine d'œuvres des XIXe et XXe siècles parmi lesquelles des toiles majeures – *Angélique* de Jean-Auguste-Dominique Ingres, *Le Combat de coqs en Flandre* de Rémy Cogghe (p. 123), *Marat assassiné !* de Jean-Joseph Weerts, *Au Café* de Foujita ou encore *Arbres* de Piet Mondrian. Côté sculpture, *La Petite Châtelaine*, l'une des huit pièces exposées de Camille Claudel, est considérée comme La Joconde du musée.

La galerie de sculptures

Après une salle consacrée à l'histoire de Roubaix s'ouvre un parcours dédié à la sculpture figurative au XXe siècle. On y croise Antoine Bourdelle, Aristide Maillol, Auguste Rodin, Alberto Giacometti... avant de déboucher sur la saisissante reconstitution de l'atelier du sculpteur Henri Bouchard (1875-1960).

Le jardin botanique

Pensé sur le modèle d'une abbaye, l'édifice est ceint d'un cloître-jardin garni de plantes destinées à la teinture des fibres textiles.

★ À savoir

- L'édifice Art déco a été réhabilité en 2001, puis agrandi en 2018 par Jean-Paul Philippon.
- Chaque année, trois saisons rythment la vie du musée, avec à chaque fois 4 à 5 expositions.
- Hors exposition temporaire 9/6 €, si exposition temporaire 11/9 €, gratuit -de 18 ans.
- Gratuit pour tous vendredi 18h-20h, 1er dim du mois (collections permanentes) et ven pour les étudiants.
- Billet combiné La Piscine – Villa Cavrois (p. 128) : 16,50 €, La Piscine – La Manufacture (p. 113) : 13,50 €.

Une petite faim ?

Méert (☎ 03 20 01 84 21 ; plats 14,50 €-18,80 €, mar-dim 12h-17h30, fermé lun) a investi l'ancienne buvette de la piscine : cuisine de bistrot travaillée et douceurs à l'heure du thé. Belle terrasse sur le jardin.

Roubaix

Voir

Grand'Place

MONUMENTS

Sur la Grand'Place, l'**église Saint-Martin** (Ⓜ Roubaix-Grand-Place) a beaucoup de charme. L'édifice néogothique (XIXe siècle) dissimule des parties plus anciennes, notamment la tour de guet du XVIe siècle (fermée pour rénovation) sur laquelle a été édifié le clocher. Face à l'église, l'**hôtel de ville** est signé Victor Laloux (1911), architecte de la gare d'Orsay, à Paris. Commandé par le maire d'alors, l'industriel Eugène Motte, il fut édifié comme témoignage de la nouvelle prospérité de la ville. Sa façade se pare d'une belle frise sculptée, évoquant les étapes de confection du textile. De la Grand'Place, l'**avenue Jean-Lebas** (☎ office du tourisme 03 20 65 31 90, visites guidées sam 11h30 et 1er dim du mois), bordée d'immeubles majestueux autrefois occupés par des banques, des hôtels et de grands magasins, mène à la **gare** (1888), caractéristique de l'architecture moderniste, avec sa halle mêlant fonte, fer et verre.

L'ancienne filature Motte-Bossut (p. 112)

École d'enseignement textile

ARCHITECTURE

Avenue Jean-Lebas, en face de La Piscine (p. 108), cet imposant palais en brique et pierre de taille a été construit en 1889 pour abriter l'École nationale supérieure des arts et industries textiles (ENSAIT). Toujours en activité, l'établissement forme la majorité des ingénieurs du textile en France.

Hôtel Catteau

ARCHITECTURE

Dans cet hôtel particulier que l'industriel Pierre Catteau se fit construire en 1876, l'éclectisme domine, avec une influence Renaissance. Il est devenu le palais de justice, et son parc le **square Catteau** (accès rue Rémy-Cogghe et rue Mimerel ; gratuit). (45 rue du Grand-Chemin ; ⏲ Journées du patrimoine)

Épeule

QUARTIER

La rue de l'Épeule, au bout de la rue du Grand-Chemin, oscille entre maisons vétustes et réhabilitées. Chaque dimanche matin, un marché multiculturel anime le quartier. Descendez la

La ville aux 1 000 cheminées – Roubaix et l'industrie textile

Le surnom de l'ex-capitale mondiale de la laine peignée, à la base de la confection des draps, est certes un peu exagéré. Au plus fort de son activité, entre 1880 et 1950, Roubaix ne comptait (que) 353 cheminées d'usines. Si l'histoire commence en 1469, lorsque le seigneur local, Pierre de Roubaix, obtient de Charles le Téméraire l'autorisation pour sa cité de filer, tisser et fabriquer des draps de laine, c'est surtout à la révolution industrielle que Roubaix se distingue. Les tisserands abandonnent alors le travail à domicile pour se retrouver dans les entrepôts assez spacieux pour accueillir les imposants métiers mécaniques. On dote alors ces nouvelles usines de toitures en zigzags (les sheds) pour mieux faire passer la lumière et de hautes cheminées pour évacuer la vapeur des machines. À Roubaix, il en reste aujourd'hui 37 – la filature de La Redoute était l'une d'elles.

En 1873, l'industriel Charles Pollet installe une filature rue de la Redoute, à Roubaix. En 1922, l'entreprise, secouée par une situation économique difficile au lendemain de la guerre, commence à vendre ses pelotes de laine par correspondance à des particuliers. Elle fait connaître sa nouvelle activité par voie d'affiche. Sa production, toujours centrée sur les tricots, s'étoffe peu à peu et le premier catalogue, en 1928, compte 16 pages. Le fonds de commerce reste exclusivement textile jusqu'au milieu des années 1950, puis il se diversifie vers les arts ménagers. Concurrencée dans les années 2000 par les sites de vente en ligne, l'entreprise roubaisienne a cessé d'éditer son célèbre catalogue en 2015 et réalise désormais la majeure partie de son chiffre d'affaires sur Internet.

rue pour trouver (sur la gauche) la bien nommée rue des Arts. Là, rendez visite à **La plus petite galerie du monde (ou presque)** (03 20 24 35 31 ou 06 15 79 18 25 ; www.lapluspetitegalerie.fr ; 69 rue des Arts ; sam 15h-18h ou sur rendez-vous ; M Roubaix-Charles-de-Gaulle) qui, depuis 1995, a accueilli plus de 200 artistes (plasticiens, photographes, céramistes…). Un vernissage a lieu tous les premiers dimanches du mois (à partir de 11h30), sorte de happening à l'occasion duquel l'artiste présente lui-même son travail aux passants dans une ambiance conviviale.

Rang des Drapiers ARCHITECTURE

Le boulevard du Général-de-Gaulle relie le parc Barbieux au cœur commercial de Roubaix. C'est sur cette grande artère et son prolongement, le boulevard

Jean Lebas

Mais qui est donc ce Jean (ou Jean-Baptiste) Lebas (1878-1944) qui a légué son nom à tant de rues et d'écoles dans le Nord ? Peu connu, le ministre du Travail du gouvernement Léon Blum est pourtant, en 1936, à l'origine d'une avancée sociale révolutionnaire : les congés payés ! Avant cela, élu maire de Roubaix en 1912, il avait déjà multiplié dans sa ville les initiatives en faveur des ouvriers : cantines scolaires, colonies de vacances, sans oublier l'édifice Art déco des bains-douches (La Piscine d'aujourd'hui, p. 108). Il meurt en déportation en 1944.

du Général-Leclerc, que les "capitaines d'industrie" ont fait édifier, à la fin du XIXe siècle, de superbes hôtels particuliers. Des fenêtres, ils apercevaient les tours des usines installées dans les quartiers populaires, de l'autre côté du boulevard. De superbes façades ornées de fines colonnes, de frises, de linteaux en ogive, de balcons ou de bow-windows. Le n°64 est occupé par l'**hôtel Motte-Lagache**, le seul qui possède une cour donnant sur la rue. (52-88 bd du Général-de-Gaulle ; Ⓜ Roubaix-Charles-de-Gaulle)

Ancienne usine Motte-Bossut — MONUMENT, EXPOS

Impossible de manquer le centre des Archives nationales du monde du travail qui remplaça celle que l'on qualifiait d'"usine monstre" au XIXe siècle ! Louis Motte, époux d'une demoiselle Bossut, créa une filature de coton équipée de métiers à tisser venus d'Angleterre, en 1845. L'usine employait 500 ouvriers en 1866, juste avant d'être détruite par un incendie. Une nouvelle usine est bâtie en face, sous l'aspect qu'on lui connaît aujourd'hui (tour, cheminée, murs de brique crénelés). Elle n'a cessé son activité qu'en 1981. Considérée comme une part de la mémoire industrielle de Roubaix, l'usine a été classée monument historique. Elle accueille ponctuellement des expositions. (☎ 03 20 65 38 00 ; 78 bd du Général-Leclerc ; 🕒 salle de lecture mar-ven 9h-17h ; Ⓜ Eurotéléport)

Maison Art nouveau — ARCHITECTURE

Sur le même boulevard que l'usine Motte-Bossut, plus loin vers le centre, cette maison Art nouveau est ornée de délicates ferronneries. Cette ancienne propriété de l'industriel Henri Masselis (1904) est classée monument historique. (16 bd du Général-Leclerc ; Ⓜ Eurotéléport)

La Condition Publique — FABRIQUE CULTURELLE

Ce vaste et magnifique édifice, desservi par un passage intérieur surmonté d'une verrière, est un laboratoire de création et de diffusion artistique parmi les plus dynamiques de la Métropole. Mais avant de devenir "manufacture culturelle", ce bâtiment de 1901 servait au conditionnement public des matières textiles : un entrepôt pour la laine, le coton et la soie, aménagé de manière à leur garantir un degré d'humidité constant (d'où la pelouse sur les toits-terrasses). Expositions, lectures, concerts, arts de la rue et spectacles vivants y sont régulièrement programmés. Un **espace d'accueil permanent** (mar-ven 12h-19h) avec café, coin lecture et jeux pour les enfants... est ouvert au public, ainsi que le restaurant L'Alimentation (p. 118). (03 28 33 48 33 ; www.laconditionpublique.com ; 14 pl. Faidherbe ; billetterie mar-ven 13h-19h ; M/ Eurotéléport + 29, arrêt Faidherbe)

La Manufacture – musée de la Mémoire et de la Création textile MUSÉE

Incontournable ! Ce musée, implanté dans une ancienne fabrique de tissage du début du XIXe siècle, retrace, au cours d'un parcours guidé, l'histoire de l'industrie textile roubaisienne, tant sur le plan technique que social. Des métiers à tisser du Moyen Âge aux mastodontes de 1950 en passant par les métiers Jacquard coiffés de leurs impressionnantes guirlandes de cartes perforées, les machines, actionnées une à une, intriguent, étonnent ou fascinent. On en sort subjugué

La Manufacture

Le parc Barbieux

par ces mécaniques bien huilées, le bruit des machines et le millier de fils entrelacés. Un espace est également dédié à la création contemporaine : s'y tiennent expositions temporaires et spectacles sur le thème du textile (entrée libre). Petite boutique de créateurs. (03 20 20 98 92 ; www.lamanufacture-roubaix.com ; 29 av. Lagache ; mar-dim 14h-18h, visites guidées 14h30, 16h (14h, 15h, 16h sam-dim et vacances scolaires) ; tarif 8-18 ans/ adulte 4/6 €, gratuit 1er dim du mois ; ; Eurotéléport + L3 arrêt Fraternité)

Parc Barbieux PARC

Poumon vert sur le Grand Boulevard, au sud de Roubaix, ce parc long de 1,5 km est né d'un projet avorté : le raccordement du canal de Lille-Croix avec celui de Roubaix. Le site vallonné, classé et labellisé "Jardin remarquable", a été aménagé entre 1878 et 1907. Il est bordé par de somptueuses maisons de maître et surnommé le "beau jardin". Promenades, jeux pour enfants, manèges, canotage. (av. Jean-Jaurès ; arrêt Bol-d'Air ou Parc-Barbieux)

Jardin de Chlorophylle JARDIN ÉCOLOGIQUE

Ce jardin écologique et pédagogique, assez vaste, est installé depuis 1998 sur une friche urbaine, près du canal de Roubaix, et géré par l'association ARI. Verger, potager, serre, mare, labyrinthe et volières ont désormais pris possession des lieux. Contactez l'association pour connaître le calendrier des activités (semis, plantation, pose de nichoirs, recyclage, etc). (03 20 83 26 17 ; www.jardindechlorophylle.com ; 315 Grande-Rue ; M Eurotéléport + L3 arrêt place Chaptal)

Usine Cavrois-Mahieu – Le Non-Lieu PATRIMOINE CULTUREL

Menacée de démolition, l'ancienne filature Cavrois-Mahieu, en activité de 1887 à 2000, a été transformée en hôtel d'entreprises. Au cœur de ce fleuron de la mémoire collective roubaisienne, des éléments patrimoniaux remarquables, comme sa chaufferie gigantesque, ses ateliers et son magasin, ou encore ses deux cheminées, emblèmes du passé industriel de la ville. Elle a été investie par l'association Le Non-Lieu qui, outre la conservation des lieux "en l'état", y organise de nombreuses manifestations culturelles (spectacles, expositions, concerts...). À noter : c'est Paul Cavrois, ex-patron de l'usine qui a commandé à Mallet-Stevens la villa éponyme située à Croix (voir p. 128). (03 20 80 99 68 ; www.non-lieu.fr ; 117 rue Montgolfier ; ouvert lors des Journées du patrimoine, de la Nuit des arts et de manifestations ponctuelles, visite sur réservation pour des groupes ; M Eurotéléport, 24, arrêt Montgolfier)

Canal de Roubaix CANAL

Belle manière de découvrir la métropole lilloise que de longer ce canal ponctué de maisons éclusières entre la Deûle et l'Escaut en Belgique. Construit au XIXe siècle pour l'approvisionnement de l'industrie textile alors en pleine expansion, réouvert à la navigation depuis 2011, il s'étend sur 28 km, reliant, notamment, Roubaix et Tourcoing à Marquette-lez-Lille, vers l'ouest ; et à Leers, vers l'est. Ses rives, dotées d'agréables chemins de halage, se prêtent à la promenade, à pied, à vélo (une carte "La MEL à vélo" est disponible dans les offices du tourisme) ou

Bandes de cloches

Dans le Nord, les carillons rythment encore certains moments de la journée. Les cloches tintent (chacune a sa note), mises en branle par un carillonneur qui actionne un pédalier et joue sur un clavier, dont chaque touche est reliée au battant de la cloche (il faut de la pratique et une belle énergie). Les carillons comptent au moins 4 cloches, mais souvent bien plus d'une quinzaine. Le carillon ambulant de Douai en possède 54 et l'église de Tourcoing, 62. Installées dans les églises, comme à Tourcoing ou à Roubaix, les cloches habitent aussi les beffrois (à Lille, celui de la chambre de commerce frappe l'air du *P'tit Quinquin* ; voir aussi p. 42).

en bateau à bord de *La Décidée*. (renseignements et réservations auprès du Relais Nature du Canal, de la Deûle à l'Escaut ; ☎03 20 63 11 23 ; 3-12 ans/adulte 3,50/5 € ; 🕒juin-août mar-dim départs toutes les heures 10h-16h, mer et sam-dim le reste de l'année ; Ⓜ Eurotéléport + MWR vers Mouscron, arrêt Galon-d'Eau)

Les Vélodromes PATRIMOINE SPORTIF

Immanquable pour les fans de vélo, le **vélodrome André Pétrieux** (av. du Parc-des-Sports, entrée libre ; 🕒tlj 9h-12h 13h-21h) accueille l'arrivée du Paris-Roubaix depuis 1943. Niché dans un Parc des sports aux infrastructures Art déco, il jouxte le **Stab**, le vélodrome couvert Jean Stablinski, inauguré en 2012. Si vous avez le temps, offrez-vous un baptême de vélo sur piste. Sensations garanties ! (☎03 20 65 31 60 ; www.velodrome-couvert-roubaix.com ; 59 rue Alexandre-Fleming ; baptême 18 €)

Se restaurer

Harold's Food and Coffee SUR LE POUCE €

De l'autre côté de l'avenue Jean-Baptiste-Lebas, face au musée La Piscine, ce petit *coffee shop*, tout en baies vitrées et bois blond, offre, en libre-service, un choix de casse-croûte colorés et appétissants : sandwichs, salades, quiches, soupe du jour, mais aussi cookies, muffins et fruits... Idéal pour caler un petit creux entre deux visites. Petit-déjeuner à partir de 7h30. (☎07 86 92 53 24 ; 88 av. J.-B.-Lebas ; formules 5-8,50 € ; 🕒lun-ven 7h30-18h ; Ⓜ Roubaix-Grand-Place ou Gare-Jean-Lebas)

L'Étoile Syrienne MEZZE €

Plutôt que vous tendre une carte, on préfère ici vous demander ce que vous aimez... pour vous composer un mezze sur mesure. Houmous, caviar d'aubergine, feuilles de vigne, taboulé oriental... Dur de choisir car tout est délicieux ! Rapport qualité/prix imbattable. (☎07 58 39 36 15 ; letoile-syrienne-restaurant-roubaix.eatbu.com ; 126 av. J.-B.-Lebas ; menu découverte 10 € ; 🕒mar-sam midi et soir, lun-dim midi ; Ⓜ Roubaix-Grand-Place ou Gare-Jean-Lebas)

Chez Jean BRASSERIE €

Un vrai resto ouvrier, transmis de père en fils, incontournable si vous souhaitez plonger dans l'ambiance industrieuse de Roubaix. Et si vous tenez à bien manger : soupe de légumes, carbonnade, frites maison... Servie dans des plats communs, la cuisine maison est sans fausse note. (☎03 20 73 95 23 ; 230 bd Gambetta ; plats 11-22 € ; 🕒lun-ven 7h-21h ; Ⓜ Eurotéléport)

Food EN-CAS MAISON €

À l'entrée du Vestiaire (p. 121), attenant au musée La Piscine, ce *corner* cosy sert de délicieuses soupes, bricks, sandwichs... préparés sous vos yeux avec les légumes puisés dans les cagettes décorant les lieux. On mange à la bonne franquette sur de longues tables pliantes en bois ou dans des fauteuils en rotin recouverts de

ALEXANDRE LENOIR ©

Le Food

fourrure. (☎ 03 74 67 71 33 ; 27 rue de l'Espérance ; plats 6-10 € ; ⌚ mer-ven 12h-16h, sam-dim 11h-19h ; Ⓜ Roubaix-Grand-Place ou Gare-Jean-Lebas)

Mercado Negro – La Fabrica

PORTUGAIS €€

Ce temple de la "branchitude" roubaisienne est d'autant plus notable que rien n'indique sa présence… excepté l'ardoise à l'entrée détaillant le menu du jour. En bordure du canal de Roubaix, à 5 minutes à pied de La Condition Publique (p. 112), cette ancienne usine textile a été métamorphosée avec classe en auberge des temps modernes. Au rez-de-chaussée, un restaurant met à l'honneur le poulpe et la morue à la mode portugaise. À l'étage, un bar à tapas prépare des cocktails à accompagner de succulents beignets (à la morue, au thon, aux crevettes…) dans une ambiance détendue et familiale. Les reliques industrielles – piliers métalliques rivetés, hotte à chaleur, évier en porcelaine – se mêlent aux objets de brocante – Solex, caisses enregistreuses, mannequins… dont certains en vente – pour créer un décor qui, à lui seul, vaut le déplacement. (☎ 07 72 08 68 49 ; 288 bd Gambetta ; restaurant plat 14-26 €, plat du jour midi sem 12 € ⌚ mar-ven et dim midi, jeu-sam soir ; bar à tapas mer 18h-minuit, jeu 18h-1h, ven-sam 19h-2h ; Ⓜ Eurotéléport)

Baraka

BIO ET SAIN €

Il faut s'aventurer un peu dans le labyrinthe des rues ouvrières de Roubaix pour atteindre la cantine de la coopérative Baraka, rendez-vous des mordus de cuisine bio et… bon marché ! Car ici, on se sert soi-même, on débarrasse et on trie ses déchets. Les plats sont simples (gratin de côtes de blettes, tartes aux légumes, poulet tandoori) mais toujours goûteux. Une adresse qui fait du bien. (03 20 65 74 14 ; cooperativebaraka.fr ; 20 rue Sébastopol ; plat 8 € ; lun-ven 12h-14h ; M Grand-Place)

L'Alimentation CUISINE DE SAISON €

Le restaurant de La Condition Publique (p. 112) est géré avec soin par la compagnie théâtrale l'Oiseau-Mouche (ci-contre). Dans ce bel espace décoré de meubles de brocante, les membres de l'association – travailleurs atteints de handicap mental – proposent, chaque midi, deux entrées, plats et desserts, simples et abordables (blanquette, saumon ou pavé de bœuf), servis avec des légumes de saison. Brunch certains dimanches. (03 20 72 48 81 ; www.oiseau-mouche.org ; 14 pl. du Général-Faidherbe ; plats 11,90 €, formule déj 15,90 €, menu 19,90 € ; lun-sam 12h-14h ; M / Eurotéléport + 29, arrêt Faidherbe)

La Grande Brasserie de l'Impératrice Eugénie BRASSERIE €€

Une brasserie dans toute sa splendeur Belle Époque, avec plats régionaux et grands classiques. Il y a beaucoup de tables, du monde, et les serveurs courent, mais ce n'est pas désagréable. (03 62 64 23 82 ;

La Condition Publique, une "manufacture culturelle" pluridisciplinaire

www.brasserie-imperatriceeugenie.fr ; 22 pl. de la Liberté ; plats 12-17,90 € ; lun-dim 11h30-15h, jeu-sam 19h-23h ; M Eurotéléport)

Le Bô Jardin FRANÇAIS €€

Le cadre est idyllique : au cœur du parc Barbieux, en surplomb de l'étang. L'été, la terrasse au bord de l'eau est très agréable les jours ensoleillés. La cuisine est plus que correcte et, détail appréciable quand on est en famille, les enfants sont les bienvenus. (03 20 20 61 85 ; www.lebeaujardin.fr ; parc Barbieux, av. Le-Nôtre ; plats 14-25 €, menu 34€ ; tlj 12h-14h ; arrêt Bol-d'Air)

Sortir

La Cave aux Poètes CONCERTS

Un endroit minuscule, indépendant et plein de charme. Programme pointu et éclectique : électro déjantée, pop rock, pop folk, scène française ou étrangère, artistes "découverte" ou autoproduits, hip-hop et spectacles musicaux jeune public hors les murs. (03 20 27 70 10 ; www.caveauxpoetes.com ; 16 rue du Grand-Chemin ; 8-12 €)

La Condition Publique CONCERTS, SPECTACLES

Pièces de théâtre, spectacles de marionnettes, contes pour enfants, danse contemporaine hip-hop, mais aussi expos, performances et lectures. Voir aussi p. 112. (03 28 33 48 33 ; www.laconditionpublique.com ; 14 pl. Faidherbe ; M / Eurotéléport + 29, arrêt Faidherbe ; gratuit-15 € selon les spectacles)

Le Colisée CONCERTS, SPECTACLES

Concerts, théâtre de boulevard, cirque, danse classique et contemporaine. (03 20 24 07 07 ; www.coliseeroubaix.com ; 33 rue de l'Épeule ; billetterie mar-ven 10h30-12h30 et 13h30-17h ; M Gare-Jean-Lebas ou Roubaix-Grand-Place)

Ballet du Nord DANSE CONTEMPORAINE

Ce Centre chorégraphique national (CCN) programme tout au long de l'année sur la scène du Colisée des spectacles de grande qualité. (03 20 24 66 66 ; www.balletdunord.fr ; 33 rue de l'Épeule ; M Gare-Jean-Lebas ou Roubaix-Grand-Place)

Le Gymnase DANSE CONTEMPORAINE

Depuis 1983, ce "centre de développement chorégraphique" assure la promotion et la diffusion de la danse contemporaine, notamment par le biais des festivals "Les Petits Pas", consacré au jeune public, et "Le Grand Bain", ouvert à tous. (03 20 20 70 30 ; www.gymnase-cdc.com ; 5 rue du Général-Chanzy ; M Roubaix-Charles-de-Gaulle)

Théâtre de l'Oiseau-Mouche THÉÂTRE

Installée dans un ancien garage reconverti en théâtre, la compagnie de l'Oiseau-Mouche se compose d'une vingtaine de comédiens professionnels atteints de handicap mental. Création d'un ou deux spectacles par an et tournées en

Les Géants

Les défilés des Géants sont l'occasion de grands rassemblements populaires ! Lille y rend hommage à Jeanne Maillotte, Narcisse (le P'tit Quinquin) ou Lydéric et Phinaert (p. 148) et Villeneuve-d'Ascq à Gilbert de Quincampoix, Epona ou l'affreux Freluquet. L'association **La Ronde des Géants** (☎ 03 61 92 44 83 ; www.geants-carnaval.org ; 15 rue du 14-Juillet, Ronchin) tient à jour un calendrier de leurs sorties. Enfin, à Tourcoing, plus de 50 Géants venus de Flandres défilent en mars, le temps d'un week-end, une joyeuse valorisation de ce folklore régional, classé patrimoine culturel immatériel de l'humanité par l'Unesco.

France et à l'étranger. À savoir : le théâtre abrite également Le Garage, un joyeux **restaurant** (🕒mar-ven 12h-14h), à l'ardoise savoureuse et inventive, dans le même esprit que L'Alimentation (p. 118). (☎ 03 20 65 96 50 ; www.oiseau-mouche.org ; 28 av. des Nations-Unies ; 🕒billetterie lun-ven 9h-17h ; tarif plein/réduit 12/10 € ; Ⓜ Eurotéléport)

Salle Watremez SPECTACLES

Salle des fêtes et salle de spectacle municipale, Watremez a conservé sa vocation d'origine et accueille de grandes manifestations : concerts, meetings politiques, rassemblements associatifs… Sa superbe architecture moderniste, avec halle immense et galerie, date du début du XXe siècle. (☎ 03 20 70 55 62 ; 9 rue de l'Hospice ; Ⓜ Roubaix-Grand-Place ou Gare-Jean-Lebas)

Shopping

Marché de l'Épeule MARCHÉ

Étals de bouche et petite brocante pour ce marché de quartier. (rue de l'Épeule ; 🕒dim 8h30-14h ; Ⓜ Épeule-Montesquieu)

Ceci n'est pas une boulangerie

FABRIQUE DE PAINS, ÉPICERIE ET GALERIE D'ART

Des pains au levain et des brioches moelleuses plébiscités par tout l'est de la métropole lilloise, des céréales en vrac et des œuvres en matière recyclées… Les bons produits de cette boutique obéissent à un credo : local et écoresponsable. (☎ 03 28 35 52 52 ; rue de l'Amiral-Courbet, Croix ; 🕒mar-sam midi et soir 8h30-14h ; Ⓜ Épeule-Montesquieu)

Monsieur M PÂTISSERIE

Les gâteaux artisanaux de Monsieur M cartonnent. À tel point que le pâtissier s'est mis en tête de partager ses secrets lors d'ateliers cuisine très prisés. Salon de thé sur place. (☎ 03 74 45 51 31 ; www.monsieurmpatisserie.com ; 24 rue de l'hospice ; 🕒mar-dim 11h30-19h ; Ⓜ Roubaix-Grand-Place)

Carlier Vogliazzo PRODUITS MÉDITERRANÉENS

On vient de toute la Métropole pour découvrir cette caverne d'Ali Baba gastronomique regorgeant de produits d'Italie, d'Espagne et du Portugal. Tapas, fromage, charcuterie, pesto bio de Sicile... Dans les rayons de la boutique, bobos et populos se croisent réunis par l'amour des bonnes choses. (03 20 70 64 43 ou 03 20 36 14 74 ; www.carliervogliazzo.com ; 110 rue de l'Alma ; lun et mer-sam 9h-13h et 15h-19h, dim 9h-12h, fermé mar ; M Gare-de-Roubaix)

Mac Arthur Glen MAGASINS D'USINE

En plein centre de Roubaix, une allée bordée de boutiques de marques nationales et internationales (Le Coq sportif, Lacoste, Best Mountain...) à prix cassés. (03 28 33 36 10 ; www.mcarthurglen.fr ; 44 mail de Lannoy ; lun-sam 10h-19h ; M Eurotéléport ; P)

L'Usine MAGASINS D'USINE

Une référence dans la Métropole ! Cette usine réhabilitée regroupe près de 85 boutiques et 200 marques de vêtements et de linge de maison vendues à - 30 et - 40%. Ouvert certains dimanches durant les fêtes et les soldes. N'oubliez pas entre deux emplettes de monter au dernier étage pour jouir de la belle vue sur les sheds et la cheminée de l'usine. (03 20 83 16 20 ; www.lusine.fr ; 228 av. Alfred-Motte, Roubaix ; lun-sam 10h-19h ; depuis le centre-ville de Roubaix : M Eurotéléport + 24, arrêt Les Hauts-Champs)

Maisons de Mode CRÉATEURS TEXTILES

Vivier de la création textile de la région, Maisons de Mode accueille douze boutiques, tenues par de jeunes talents, quatre le long de l'avenue Jean-Baptiste-Lebas et huit au Vestiaire (voir ci-dessous). À savoir : le même concept existe dans le quartier Lille-Sud, au **Jardin des Modes** (58/60 rue du Faubourg-des-Postes). (03 20 99 91 20 ; www.maisonsdemode.com ; av. J.-B.-Lebas ; mer-sam 12h-19h ; M Roubaix-Grand-Place ou Gare-Jean-Lebas)

Le Vestiaire CRÉATEURS

Réhabilité dans un esprit loft, l'ancien atelier textile, attenant au musée La Piscine, abrite le restaurant Food (voir p. 116), mais aussi huit boutiques Maisons de Mode et du collectif Le Grand Bassin (www.legrandbassin.fr), une coopérative de créateurs régionaux décalés et talentueux : bijoux, vêtements, déco... (03 20 99 91 20 ; 27 rue de l'Espérance ; mer-dim 12h-19h ; M Roubaix-Grand-Place ou Gare-Jean-Lebas)

Tourcoing

Voir

Église Saint-Christophe

PATRIMOINE RELIGIEUX

Première vision en sortant de la station Tourcoing-Centre : la superbe église Saint-Christophe. Bien que l'édifice ait été remanié entre 1856 et 1895, ce sanctuaire néogothique reste impressionnant avec son clocher culminant à 87 m de hauteur. Situé à l'intérieur, le **musée du Carillon** (03 20 26 89 03 ; juin-sept dim 15h-18h) possède un carillon de 62 cloches (voir l'encadré p. 115). On y accède par un long escalier en colimaçon. (03 20 26 89 03 ; pl. de la République ; lun-jeu 9h-12h et 14h-19h, ven 9h-12h et 17h-19h, sam 9h-12h et 15h30-17h30, dim 16h-18h ; messe dim 11h et 18h ; M/ Tourcoing-Centre)

Hôtel de ville

ARCHITECTURE

Cet édifice, construit entre 1866 et 1885 dans un style éclectique, vient souligner, comme à Roubaix, la gloire de la ville au moment de son boom industriel. Il faut pénétrer dans le hall d'entrée pour admirer le soin apporté à la décoration intérieure. (pl. Victor-Hassebroucq ; lun-ven 8h-17h30 ; M/ Tourcoing-Centre)

MUba Eugène-Leroy

MUSÉE

À ne pas manquer ! Grâce à l'exceptionnelle donation des fils du peintre Eugène Leroy en 2009, l'ancien musée des Beaux-

L'Hospice d'Havré (p. 124)

Combat de coqs et jeu de bourles

Peints par le Roubaisien Rémy Cogghe (la toile se trouve à La Piscine), les combats de coqs, dans lesquels les volailles sont équipées d'éperons et combattent dans un gallodrome, ont été l'un des loisirs populaires très en vogue dans le Nord depuis des temps immémoriaux. Interdits au XIXe siècle, ils se déroulent clandestinement, réapparaissent dans les années 1950, mais ont tendance à disparaître aujourd'hui.

Le traditionnel jeu de bourles a, en fait, peu de similitudes avec la pétanque : il s'agit certes de rapprocher la bourle de l'étaque, un point inscrit en bout de piste, mais la difficulté commence quand il s'agit de lancer la bourle, une sorte de palet épais qui ne roule pas droit, sur une piste incurvée ! Tourcoing, notamment, possède une dizaine de bourloires.

Arts de Tourcoing a trouvé un nouveau souffle. Outre sa très belle collection, il propose une scénographie originale et réflexive. Les œuvres, régulièrement renouvelées, dialoguent entre elles et dans l'espace, à travers les disciplines et les époques. Au gré des expositions, les peintres anciens (Bouillon, Boilly, Rembrandt...) voisinent avec ceux du XXe siècle (Fautrier, Man Ray) et les contemporains (Josef Albers, Markus Raetz). À côté du musée, jetez un coup d'œil à la belle façade néoflamande de la **Maison du Collectionneur** construite en 1911 pour l'industriel Desurmont. (☎ 03 20 28 91 60 ; 2 rue Paul-Doumer ; tarif plein/18-25 ans 5,50/3 €, gratuit 1er dim du mois et pour les -de 18 ans ; 🕒 tlj 13h-18h sauf mar et jours fériés ; Ⓜ/ 🚋 Tourcoing-Centre)

Maison du Broutteux — SITE HISTORIQUE

Jules Watteeuw (1849-1947) a vécu près d'un siècle à Tourcoing, et sa maison, offerte par ses concitoyens, est un hommage à son attachement à sa ville et à sa culture. Bourgeois désargenté, il tenta sa chance comme poète et chanteur de pasquilles (chansons d'expression picarde), rapporteur de nouvelles et historien local. En adoptant ce surnom de "broutteux" (terme dont on affublait les tisserands modestes qui transportaient leurs pièces de tissu dans des brouettes), souvent péjoratif, il redonna une noblesse aux ouvriers tourquennois. La maison, dans le centre, est facilement accessible. L'intérieur ne se visite pas. (19 rue Jules-Watteeuw ; Ⓜ/ 🚋 Tourcoing-Centre)

Hospice d'Havré FABRIQUE CULTURELLE

Fondé en 1260 et contemporain de l'Hospice Comtesse (p. 60), à Lille, il a été transformé en Maison Folie (p. 18) en 2004. Les bâtiments visibles aujourd'hui datent du XVIIe siècle. Un bel ensemble, dont les fleurons sont le cloître et surtout la chapelle (1656), ornée d'un retable baroque de bois sculpté, classé aux monuments historiques. Le lieu, situé en plein centre-ville, programme expositions, conférences, concerts, et dispose d'un agréable jardin. (☎03 59 63 43 53 ; 100 rue de Tournai ; gratuit ; ⏲tlj 13h30-18h sauf mar et jours fériés, fermé août ; M/🚊Tourcoing-Centre)

Les Arcades ARCHITECTURE

La rue d'Havré rejoint ce splendide ensemble des années 1930-1932, où se succèdent une vingtaine de boutiques. L'avenue Gustave-Dron, bordée par les Arcades, relie la **gare de Tourcoing** (pl. Pierre-Semard ; M/🚊Tourcoing-Centre), construite en 1905 par Steve Dunnett, dans un esprit moderniste. (av. Gustave-Dron ; M/🚊Tourcoing-Centre)

Jardin botanique PARC PAYSAGER

Jardins à la française, à l'anglaise, exotiques... Ce bel îlot de végétation en plein centre-ville dispose de deux serres pédagogiques rassemblant plus de 2 000 plantes différentes. Elles se visitent gratuitement sur réservation auprès de l'office du tourisme. (☎03 20 26 89 03 ; 32 rue du Moulin-Fagot ; ⏲parc mars-oct jusque 21h, nov à mi-mars jusqu'à 18h30 ; M/🚊Tourcoing-Centre)

Ancienne chambre de commerce et d'industrie ARCHITECTURE

Le beffroi d'angle et l'alternance de pierres et de briques de ce faux palais Renaissance évoquent son homologue de Lille. Il ne se visite pas. (11 bis pl. Charles-et-Albert-Roussel ; visite lors des Journées du patrimoine ; M/🚊Tourcoing-Centre)

Le Fresnoy ART CONTEMPORAIN

Légèrement excentré, Le Fresnoy, ou Studio national des arts contemporains, se situe à mi-chemin entre Roubaix et Tourcoing. Installée depuis 1997 dans un ancien complexe de loisirs populaires dont elle a gardé le nom, cette école réputée forme aux métiers de l'image des étudiants du monde entier. Dirigé par Alain Fleischer, Le Fresnoy est aussi un lieu de création : les œuvres des étudiants sont à découvrir à l'automne lors de l'une des deux expos temporaires annuelles. Cinéma d'art et d'essai le week-end. Visites gratuites guidées chaque dimanche à 16h en période d'exposition. (☎03 20 28 38 00 ; www.lefresnoy.net ; 22 rue du Fresnoy ; ⏲expositions mer-dim 14h-19h ; tarif plein/réduit 4/3 €, gratuit pour les -de 18 ans ; M Alsace, 🚌30 arrêt Fresnoy)

Maisons Prouvé ARCHITECTURE

Réalisés en 1953 par Jean Prouvé (1901-1984), ces deux pavillons en acier et aluminium sont des prototypes uniques, parfaitement représentatifs du travail de l'architecte et designer, surnommé le "maître du métal". (☎03 20 26 89 03 ; 99 rue du Général-Marchand ; Ⓜ Phalempins)

Musée du 5 juin 1944 HISTOIRE

C'est dans ce bunker, QG de la 15e armée allemande, que le fameux message "les sanglots longs des violons de l'automne" annonçant le débarquement fut décrypté par la Wehrmacht. Entièrement restauré, le bâtiment expose du matériel d'époque et des saynètes que l'on découvre lors d'une visite guidée menée par des bénévoles enthousiastes. *Escape game* vendredi et samedi (☎07 50 20 83 14 ; 12 €). Prévoyez un vêtement chaud. (☎03 20 24 25 00 ; www.museedu5juin1944.asso.fr ; 4bis avenue de la Marne ; 5/3 € ; ⏲1er et 3e dim de chaque mois 9h-18h ; 🚊Pont hydraulique)

Institut du monde arabe CULTURE

Installée fin 2016 dans la partie bains-douches de l'ancienne école de natation (en activité de 1904 à 1999), l'antenne régionale de l'Institut du monde arabe donne à voir et à connaître les richesses culturelles nées sur l'autre rive de la Méditerranée lors d'expos temporaires. Concerts, projections, expositions et conférences. (☎03 28 35 04 00 ; www.ima-tourcoing.fr ; 9 rue Gabriel-Péri ; ⏲mar-dim 13h-18h, fermé jours fériés et de mi-juil à mi-août ; tarif plein/réduit 3/2 € ; Ⓜ Colbert)

Se restaurer

L'Union fait la sauce GASTROPUB €€

Au cœur de l'écoquartier de l'Union en pleine éclosion, cette ancienne menuiserie abrite un restaurant, nouvelle cantine des cadres travaillant aux alentours. Bel espace ouvert sur une petite terrasse enclose, déco épurée d'inspiration industrielle, et une carte bistrot fusion avec une viande, un poisson et un plat végétarien. (☎03 20 76 76 76 ; 73 rue de la Tossée ; plats 12-23 € ; ⏲lun-ven 12h-14h30, 19h30-22h, sam 19h30-22h ; 🚌4, arrêt Tossée, Ⓜ Carlier ou Mercure)

Le Festival CORSE €€

Un cadre contemporain, en rouge et noir, et une cuisine d'inspiration méditerranéenne, proposant quelques – nourrissantes – spécialités corses. Accueil sympathique et large palette de vins. (☎03 20 36 90 81 ; www.restaurantlefestival.com ; 21 rue Nationale ; plats 14-30 €, formules midi 17-21 € ; ⏲mar-sam 12h-14h et 19h30-21h30 ; Ⓜ Tourcoing-Centre)

Le Plateau CUISINE DE SAISON €€

Donnant sur les coursives du Studio national des arts contemporains du Fresnoy (p. 124), tout en haut de l'escalier en fer, cette cantine contemporaine affiche une carte de brasserie de saison et des classiques régionaux. Terrasse sur le toit, très agréable aux beaux jours. (03 20 28 39 ou 06 75 55 90 64 ; 22 rue du Fresnoy ; plats 10-18 €, formule midi 12 € ; lun-mer 12h-15h, jeu 12h-20h, ven 12h-minuit ; M Alsace)

Le Paradoxe — CRÉATIF €€

Au cœur du site de l'Hospice d'Havré (p. 124), ce restaurant au décor contemporain et intimiste propose une cuisine aux accents régionaux, goûteuse et créative : pavé de saumon rôti, terrine de potjevleesch aux épices et à la bière du duc d'Havré, omelette ou grandes salades, le tout à des prix très raisonnables. Expos d'artistes de la région. (03 20 28 57 53 ; www.paradoxerestaurant.com ; 3 rue d'Havré ; plats 14-19 € ; mar-sam 12h-14h et 19h-23h, dim 12h-14h ; M / Tourcoing-Centre)

La Baratte — GASTRONOMIQUE €€€

Une cuisine gastronomique inspirée, dont la réputation n'est plus à faire dans la Métropole. À l'orchestration, Christine et Didier Bajeux qui, depuis plus de 20 ans, s'évertuent à rendre les produits de saison aussi délectables au palais qu'à l'œil. Service irréprochable et chaleureux typique du Nord. (03 20 94 45 63 ; www.la-baratte.com ; 395 rue du Clinquet ; plats 22-35 €, formule midi 20,90 €, menus 36-54 € ; mar-sam 12h-13h30 et 19h30-22h, dim 12h-13h30 ; C8, arrêt Tourcoing-Voltaire)

Sortir

Le Grand Mix — CONCERTS

Une grande salle consacrée aux musiques actuelles : artistes et groupes électro, pop, folk, rock, punk, jazz, hip-hop... issus des scènes françaises et internationales. Programmation jeune public (goûters concerts, soirées ados) et festivals. (03 20 70 10 00 ; www.legrandmix.com ; 5 pl. Notre-Dame ; adhésion 1 € + 5-25 € selon l'événement ; accueil au 72 rue Saint-Jacques, mar-ven 14h-19h, sam 14h-18h ; M Colbert)

Atelier lyrique de Tourcoing — OPÉRA

Créé en 1981, l'Atelier lyrique est ouvert à divers répertoires, de la musique baroque (son domaine de prédilection) au chant choral, en passant par le mélodrame ou l'opéra-bouffe. (03 20 26 66 03 ; www.atelierlyriquedetourcoing.fr ; 82 bd Gambetta ; opéra 10-45 €, concerts 6-25 € ; billetterie 03 20 70 66 66 lun-mar et jeu-ven 14h-17h, mer 10h-13h ; M Carliers)

L'Idéal — THÉÂTRE

Cet ancien cinéma rénové forme, avec le Théâtre du Nord, le Théâtre national de Lille. Navettes gratuites entre Lille et Tourcoing. (03 20 14 24 24 ; www.theatredunord.fr ; 19 rue des Champs, Tourcoing ; mar-sam 12h30-19h ; 84, arrêt Rue-des-Champs)

La Plaine Images

Autrefois occupé par des usines de fabrication de tissu, ce site à cheval entre Roubaix et Tourcoing s'est reconverti en 2008 en un vaste pôle dédié à l'image numérique. Aujourd'hui, l'un des plus dynamiques en France. Plus de 120 entreprises – dont la célèbre Ankama – et 3 écoles inventent ici l'audiovisuel de demain : jeux vidéo, animation, 3D, images de synthèse, réalité augmentée... Pictanovo, agence régionale de soutien au cinéma, est également de la partie. Au cœur de cette pépinière d'idées, confrontant recherche, art et industrie, se tient **L'Imaginarium**, espace hybride, à la fois plateforme d'échange et laboratoire d'expérimentation dédié aux professionnels, et lieu de coworking gratuit ouvert au public (03 20 29 89 50 ; www.plaine-images.fr ; 99a bd Descat ; M Alsace ; lun-jeu 8h30-19h ven 8h30-18h).

La Virgule — THÉÂTRE

La compagnie Jean-Marc Chotteau, à Tourcoing, et le Centre culturel de Mouscron, en Belgique, ont uni leurs compétences et leurs moyens pour créer un centre transfrontalier de création, qui développe un théâtre populaire et artistiquement exigeant. (billetterie 03 20 27 13 63 ; www.lavirgule.com ; 82 bd Gambetta ; tarif plein/réduit 20/15 € ; billetterie lun-ven 9h30-13h et 14h-18h, en période de spectacle sam 17h-19h30 et dim 14h-15h30 ; M Carliers)

Le Fresnoy — CINÉMA

Le Studio national des arts contemporains (voir aussi p. 124) fait son cinéma en fin de semaine (vendredi soir, samedi et dimanche, après-midi et soir) avec des nouveautés, des films d'art et d'essai, des séances jeune public et des projections. (03 20 28 38 00 ; www.lefresnoy.net ; 22 rue du Fresnoy ; tarif plein/réduit 5,50/4,50 € ; accueil ouvert 30 min avant le début des séances ; M Alsace)

Le Café de Paris – L'Audito — MUSIQUES ACTUELLES

En face de l'église Saint-Christophe, cette ancienne brasserie accueille, dans une ambiance intimiste et chaleureuse, des concerts de jazz, de rock et des spectacles d'humour. (06 95 36 52 85 ; www.cafedeparis-laudito.fr ; 5 pl. de la République ; tarif 5-25 € ; accueil ouvert 30 min avant le début des spectacles ; M / Tourcoing-Centre)

Shopping

La Torrefactory — CAFÉ

Une boutique qui propose une alléchante sélection de cafés torréfiés sur place. Salon de thé cosy à l'étage. (03 62 13 32 09 ; torrefactory.coffee/particuliers/la-boutique ; 23 Grand'Place ; mar-sam 10h-13h, 15h-18h)

Vaut le détour

Villa Cavrois

Réalisé entre 1929 et 1932, ce château moderne est le chef-d'œuvre de Robert Mallet-Stevens, architecte emblématique du XXe siècle. Ayant reçu carte blanche du commanditaire, Paul Cavrois, grand industriel roubaisien, l'architecte a érigé ici un manifeste époustouflant à la gloire du modernisme. Du bâtiment jusqu'au mobilier, tout ornement était banni pour s'attacher à l'aspect fonctionnel des choses.

03 20 73 47 12 ; www.villa-cavrois.fr ; 60 av. John-Fitzgerald-Kennedy, 59170 Croix

mar-dim 10h-18h (dernière entrée 45 minutes avant la fermeture)

Villa-Cavrois

Chauffage central, lumière indirecte, haut-parleurs intégrés au mur, postes de téléphone, ascenseur (signé Jean Prouvé)… La villa fourmille de commodités, révolutionnaires pour l'époque. Pour autant, l'esthétique n'est pas oubliée grâce au soin méticuleux apporté à la symétrie des éléments et aux contrastes entre la brique, le marbre et les essences de bois – une pour chaque pièce.

L'aile de réception

Le hall d'accueil, les deux salles à manger (l'une pour les parents, l'autre pour les enfants) bénéficient de grandes ouvertures rendues possibles par la structure en béton armé permettant de se passer de murs porteurs. La cuisine, d'une blancheur clinique, rappelle à quel point le courant hygiéniste, alors en vogue, a influencé l'architecte.

Les ailes d'habitation

Le rez-de-chaussée accueille l'aile "des hommes", qui regroupe le bureau de Paul Cavrois, le fumoir et les chambres des deux grands garçons – l'une, peinte aux couleurs primaires, est un hommage au mouvement De Stijl et à son chef de file Piet Mondrian. C'est au 1er étage, dans l'aile des parents, que se trouvent les deux pièces les plus surprenantes : l'immense salle de bains (47 m^2) et la superbe chambre à coucher, avec le boudoir contigu, sont les seules pièces où l'intégralité du mobilier a été retrouvée. Les Monuments nationaux continuent d'ailleurs à rassembler des meubles éparpillés partout dans le monde. Enfin, le 2e étage (l'aile des enfants) comptait une salle de jeux, des pièces d'étude et une galerie susceptible de devenir scène de spectacle.

Le parc

à l'origine trois fois plus étendu, le parc s'articule autour d'un miroir d'eau, pensé pour servir de patinoire l'hiver. Avant qu'elle ne soit rehaussée, la piscine au pied de la villa était profonde de 3 m.

★ À savoir

- Vendue en 1987 par la famille Cavrois à un promoteur qui voulait la raser, la villa a été longtemps abandonnée avant d'être rénovée par l'État et ouverte au public en 2015.
- Gratuit 1er dim du mois nov-mars.
- Tarif plein/réduit 9,50/7,50 €, gratuit -de 18 ans et -de 26 ans originaires de l'UE.
- Billet combiné La Piscine (p. 108) – Villa Cavrois : 15,50 €.
- Des nocturnes mettent en lumière l'ingéniosité de Mallet-Stevens pour éclairer le bâtiment.
- Un film sur la restauration est diffusé au sous-sol.

Une petite faim ?

À 10 minutes à pied, la brasserie **Le Fer à Cheval** (☎ 03 20 72 65 63 ; www.leferacheval-restaurant.com ; 116 av. Jean-Jaurès ; plats 13-24 € ; ⏲ lun-sam midi et soir) donne sur le parc Barbieux (p. 114) qui abrite aussi Le Bô Jardin (p. 119).

Villeneuve-d'Ascq

Née en 1970, après décision de l'État de créer une ville nouvelle dans la Métropole lilloise, Villeneuve-d'Ascq arbore des visages très différents. Tantôt résidentielle, tantôt étudiante – s'y tient l'université de sciences humaines –, elle conserve çà et là des traces de son passé rural sous la forme d'anciennes fermes transformées en restaurants ou en lieux culturels. Mais la ville est également connue pour être l'un des poumons verts de la métropole lilloise grâce à son parc du Héron (p. 134), rendez-vous des sportifs, des promeneurs… et des férus d'art contemporain. Le parc abrite en effet le LaM (p. 132), fabuleux espace dédié à l'art moderne et contemporain ainsi qu'à l'art brut, l'un des plus beaux et des plus complets musées de la Métropole.

Comment y aller

M Ligne 1 arrêt Pont-de-Bois, puis bus n°34 ou Liane 6 ou ligne 1 arrêt Hôtel-de-Ville

Château de Flers (p. 134) BASILE VAILLANT ©

Les incontournables

LaM

Conçu en 1983, l'édifice déroule un foisonnant parcours au cœur de l'art des XXe et XXIe siècles. En 2010, l'architecte Manuelle Gautrand prolonge le musée en opérant une rupture avec le bâtiment originel, symbole des libertés prises par "l'art des fous" avec l'art académique. Car outre ses riches collections d'art moderne et contemporain, le LaM expose des œuvres d'art brut vertigineuses de dextérité, qui contribuent à son rayonnement international.

03 20 19 68 88 ; www.musee-lam.fr ; 1 allée du Musée

mar-dim 10h-18h, fermé 1er jan, 1er mai et 25 déc

M Pont-de-Bois + 32 ou Liane 6, arrêt LaM

Tarifs page suivante

L'architecture

Admirez l'édifice organique inauguré en 2010 par Manuelle Gautrand : une main enveloppant une partie du bâtiment initial de Roland Simounet, d'inspiration industrielle et méditerranéenne, étend ses cinq doigts vers le parc ; leurs extrémités sont doublées de moucharabiehs, hommage à l'Algérie, pays d'origine de Simounet, filtrant la luminosité et protégeant ainsi les œuvres fragiles d'art brut.

La collection

L'accrochage, dans son renouvellement régulier, présente les chefs-d'œuvre des grandes personnalités de l'art moderne comme Braque, Picasso, Léger ou Miró. Mais aussi des artistes du Nord, comme Eugène Leroy ou Eugène Dodeigne. L'art contemporain explore l'abstraction lyrique et la figuration narrative avec Dubuffet ou Barry Flanagan et s'ouvre également au collage et au dessin. Enfin, grâce à la donation de L'Aracine (une collection d'art brut fondée en 1982 par Madeleine Lommel), le LaM expose la plus grande collection publique d'art brut en France : peintures, dessins, sculptures et assemblages des grands noms de la discipline tels que A.C.M, Augustin Lesage, André Robillard ou encore Jules Leclercq.

Le parc de sculptures

Le musée prend ses aises dans le parc, prolongement de l'ensemble architectural, qui abrite des sculptures impressionnantes, telles que *Reims la Croix du Sud* d'Alexander Calder, *Femme aux bras écartés* de Pablo Picasso, *Groupe de trois personnages* d'Eugène Dodeigne, *Between Fiction and Fact* de Richard Deacon ou *Alma* de Christian Boltanski installée en 2016.

★ À savoir

- Collection permanente 7/5 €, avec expo temporaire 10/7 €, gratuit -de 12 ans, visioguide 2 €.
- Gratuit 1er dim du mois.
- Visites guidées découverte (à 15h) ou thématique (à 16h30) le dimanche (2,50 € + droits d'entrée).
- Visioguides pour enfants (6-12 ans et 12-15 ans) (2 €).
- Ateliers de pratique artistique parents-enfants "La Main dans la main", autour des collections du LaM, le 3e dimanche du mois à 15h (8 €).

Une petite faim ?

Produits frais et desserts maison au **Café du LaM** (☎ 09 63 52 51 96 ; 🕒 mar-dim 10h-18h), au cœur du musée. Plats traditionnels à **La Terrasse du Héron** (☎ 03 28 36 42 36 ; www.laterrasseduheron.fr ; 🕒 dim-jeu midi, jeu-sam soir), peu avant l'entrée du site.

Voir

Château de Flers EXPOS, OFFICE DU TOURISME

Cette belle maison seigneuriale du XVIIe siècle, de style flamand, avec façade à pignons à pas-de-moineaux accueille des expos temporaires sur l'archéologie, l'ethnographie et l'histoire locales. Elle abrite aussi l'**office du tourisme** (☎ 03 20 43 55 75). (musée ☎ 03 20 43 55 71 ; chemin du Chat-Botté ; gratuit ; ⏲ mar-ven 14h30-17h30, 1er et 3e dim du mois 15h-18h30 ; Ⓜ Pont-de-Bois ou Ⓜ Fort-de-Mons + 🚌 32 ou Liane 6, arrêt Château)

Ferme d'en Haut MAISON FOLIE

Construite au début du XVIIIe siècle, cette ferme, à l'agréable cour intérieure, se nomme ainsi par opposition au château de Flers, aussi appelé Ferme d'en Bas, car situé à deux pas, en contrebas. Rénovée et transformée en Maison Folie en 2004, elle est aujourd'hui un lieu de création et de diffusion artistique (voir p. 139). (☎ 03 20 61 01 46 ; www.villeneuvedascq.fr/ferme_haut.html ; 268 rue Jules-Guesde ; Ⓜ Pont-de-Bois + 🚌 32 ou Liane 6, arrêt Château)

Parc du Héron et Chaîne des lacs ESPACE VERT

Vaste et sillonné de sentiers larges et bien entretenus, le parc du Héron, dont une partie a été classée réserve naturelle en 1995, donne l'occasion de prendre un bol d'air, de faire du jogging ou d'observer les oiseaux (au petit matin). Il fait partie d'un ensemble plus vaste : la Chaîne des lacs, qui englobe 245 ha d'espaces naturels à Villeneuve-d'Ascq.

Créés lors de l'aménagement de la ville nouvelle, ces 6 lacs sont en fait des bassins de rétention des eaux de pluie. Depuis le château de Flers jusqu'à la ferme du Héron, se succèdent les lacs du Château, des Espagnols, Saint-Jean, de Quincampoix, de Canteleu et, enfin, le lac du Héron, le plus vaste de tous. Ce dernier est un important lieu de halte ou de passage d'oiseaux migrateurs, et quelque 200 espèces d'oiseaux y ont été répertoriées.

C'est ici que se trouve le **parc archéologique Asnapio** (☎ 03 20 47 21 99 ; accès rue Carpeaux, quartier Cousinerie ; ⏲ avr-oct, mer 14h-17h et le 2e dim 15h-19h (18h en sept-oct), vacances scolaires mar-ven 14h-17h, dim 15h-19h ; tarif plein/réduit 4/2 € ; Ⓜ Ligne 1, arrêt Pont-de-Bois + 🚌 41, arrêt Comices), qui retrace l'évolution de l'habitat dans la région, du néolithique au Moyen Âge.

Le **tour du lac du Héron** (5 km), grand classique des promeneurs et des joggeurs, est jalonné par le pavillon de chasse, puis la **ferme Petitprez** qui abrite les ateliers de théâtre de l'association **Quanta** (www.quanta.asso.fr) pour la réinsertion de jeunes en difficulté et dont l'**estaminet** (voir p. 137), avec ses jeux flamands traditionnels, est l'occasion d'une pause sur les rives du lac. Un peu plus loin se trouvent la **ferme du Héron** (☎ 03 20 43 19 53 ; www.villeneuvedascq.fr/

ferme-du-heron-0 ; 12 chemin de la Ferme-Lenglet ; gratuit ; avr-oct mer 14h-17h) abritant un **relais nature** (03 20 63 11 26 ; avr-oct mer, sam-dim 14h-18h, vacances scolaires mer-dim 14h-18h) et un verger conservatoire, où sont cultivées 1 200 espèces d'arbres fruitiers, surtout des pommiers. Le point culminant du parc est constitué par la **colline des Marchenelles**, un espace boisé protégé et aménagé pour la promenade.

Entrées possibles au parc du Héron : rue du 8-Mai-1945 ou rue Carpeaux (à côté du parc archéologique Asnapio), chemin de la Ferme-Lenglet (côté ferme du Héron), chemin du Grand-Marais (côté ferme Petitprez). (toute l'année ; 34, arrêt Lac-de-Canteleu ou Liane 6 arrêt Contrescarpe)

Parc urbain PARC

C'est dans ce parc qui prolonge celui du Héron que se trouvent le LaM (p. 132), le musée des Moulins (voir ci-dessous), un **poney-club** (07 86 02 60 35 ; ferme Verbecque, 2 av. de Canteleu, Cousinerie ; mar-dim 8h-19h30) et l'aire de jeux de la plaine Saint-Jean (manèges). (av. de Canteleu ; 34, arrêt Lac-de-Canteleu ; ouvert toute l'année ; P près du LaM)

Musée des Moulins ÉCOMUSÉE ET MOULINS À VENT

Emblématiques de Villeneuve-d'Ascq, ces deux beaux moulins à vent – l'un produisant de la farine et le moulin des Olieux, destiné à extraire de l'huile – se découvrent au cours d'une visite guidée d'une heure, complétée d'un tour au musée, où sont exposés outils,

Dans le parc du Héron

machines et objets relatifs à l'histoire de la minoterie. (☎03 20 05 49 34 ; asso.nordnet.fr/aramnord ; rue Albert-Samain ; ⏱lun-ven 10h-12h et 14h-17h, fermé en août et sam-dim ; moulin ou musée 4,50/3,10 €, moulin et musée 7/5 € ; Ⓜ Pont-de-Bois + 🚌32, arrêt LaM)

Musée du Terroir ÉCOMUSÉE

Ce musée municipal, rénové en 2014, évoque le mode de vie rural propre aux bourgs qui formaient Villeneuve-d'Ascq avant 1970. Ferme avec son mobilier, école, estaminet, ainsi qu'ateliers d'artisan reconstitués. Animation gratuite le premier dimanche de chaque mois. (☎03 20 91 87 57 ; 12 carrière Delporte et rue Pasteur ; ⏱avr-nov lun-ven 13h30-17h, jours fériés ; adulte/12-18 ans 4/2 €, gratuit - 12 ans ; Ⓜ Pont-de-Bois + 🚌13 ou 34, arrêt Annappes-République)

Mémorial d'Ascq HISTOIRE

Après un attentat visant un train qui transportait des soldats allemands, en gare d'Ascq, le corps d'armée SS des Hitlerjugend fusilla 86 habitants de la ville, des hommes et des adolescents, le 2 avril 1944. Le mémorial a été édifié dès 1955, tandis qu'un musée du Souvenir a été ouvert en 1984. C'est en mémoire de ces fusillés que la ville nouvelle ("Villeneuve") a accolé Ascq à son nom. (☎03 20 91 87 57 ; www.villeneuvedascq.fr/memorial_ascq_1944 ; 79 rue Mangin ; ⏱mer 13h30-17h30, 1er dim de chaque mois et jours fériés 14h30-17h30 ou sur réservation pour les groupes ; gratuit ; Ⓜ Pont-de-Bois + 🚌13, arrêt Masséna)

Forum des sciences EXPOS ET PLANÉTARIUM

Expositions, ateliers, planétarium... Ce centre culturel rend les sciences attrayantes et accessibles aux petits comme aux grands ! Plusieurs séances d'une heure, didactiques et ludiques, sont proposées au planétarium, ainsi que des ateliers "Enigma" autour de l'investigation scientifique. Mieux vaut réserver. Le centre de documentation et certaines animations sont gratuits. (☎03 59 73 96 00 ; www.forumdepartementaldessciences.fr ; 1 pl. de l'Hôtel-de-Ville ; ⏱mar-ven 9h-17h30, sam-dim et jours fériés 14h-18h30, fermé 1er jan, 1er mai et 25 déc ; tarif plein/réduit 6/3 € ; Ⓜ Hôtel-de-Ville)

Musée de plein air ÉCOMUSÉE

Ce site champêtre abrite 21 habitats vernaculaires des Flandres, d'Artois et du Hainaut du XVIIe au XIXe siècle aux alentours desquels déambulent des animaux de la ferme. Activités manuelles et visite guidée. Estaminet (☎03 59 00 24 75) sur place. Accès en voiture : A1 vers Villeneuve-d'Ascq, sortie 4-Cantons, puis direction Forest-sur-Marque. (☎03 20 63 11 25 ; www.enm.lillemetropole.fr/parcs/musee-de-plein-air ; 143 rue Colbert ; ⏱avr-mai et sept-oct mer-sam 10h-18h, dim 10h-19h, juin-août lun-sam 10h-19h, dim 10h-20h ; 5/3 € ; Ⓜ Pont-de-Bois + 🚌13, arrêt Masséna + 15 min à pied)

La Ferme d'en Haut (p. 134), à la fois lieu culturel et témoignage du passé rural de Villeneuve-d'Ascq

Se restaurer

La Maison Commune BRASSERIE €

Aisément repérable sur la place centrale du quartier d'Annappes avec sa devanture jaune moutarde, La Maison Commune est un passage obligé pour goûter aux welsh et potjevleesch faits maison, sans compter les autres classiques de brasserie, omelettes et spécialités du terroir. Ambiance chaleureuse et conviviale, où compte la bonhomie du patron. (☎ 03 20 91 00 77 ; 27 pl. de la République ; plats 9-14,20 € ; ⏰ lun-ven 12h-14h30 ; M 4-Cantons-Stade-Pierre-Mauroy + 🚌 13, arrêt Annappes-République)

Estaminet Quanta TERROIR €€

L'estaminet de l'association Quanta propose une cuisine créative aux saveurs du terroir d'un très bon rapport qualité/prix. Les employés (en cuisine et en salle) sont atteints de légers troubles mentaux, développant leur autonomie par le travail. Repas-spectacle le premier vendredi du mois en hiver. (☎ 03 20 19 07 08 ; ferme Petitprez, parc du Héron, 7 chemin du Grand-Marais ; plats 14-18 € ; ⏰ oct-avr lun-ven 9h30-16h15 et dim 10h-18h, mai-oct lun-ven 9h30-18h, sam-dim 10h-18h30 ; Liane 6, arrêt Cocteau)

La Fiancée du Pirate PLATS RÉGIONAUX €€

Reprise par un couple dynamique qui a su lui redonner une nouvelle jeunesse, cette adresse trentenaire dispose d'une belle terrasse très agréable les jours d'été, pour déguster de bons plats du terroir à prix modérés. À l'entrée du parc du Héron. (03 20 91 41 89 ; www.restaurantlafianceedupirate.fr ; 54 rue du Commerce ; plats 14-16 € ; lun midi, mar-ven midi et soir, sam soir ; 32,34 ou Liane 6 arrêt Comices)

Le Bistrot d'Angèle ESTAMINET **€€**

Les frites y sont si bonnes (croustillantes à l'extérieur, moelleuses à l'intérieur) qu'on pourrait croire que ce sont les viandes qui les accompagnent. Mais ce serait faire injure aux autres plats (paella, souris d'agneau, burger ch'ti...) présents sur la carte, copieux et préparés avec soin. Accueil remarquable. (03 20 64 88 32 ; www.lebistrot-dangele.fr ; 2 ruelle d'Ascq ; plats 8-17 € ; lun-ven midi, sam midi et soir ; M 4-Cantons-Stade-Pierre-Mauroy + 13, arrêt Annappes)

Le Bistrot d'Angèle

ALEXANDRE LENOIR ©

L'Instant Présent 100% BIO **€€**

Avec ses grandes baies vitrées et son mobilier scandinave de bois clair, voilà un cadre très reposant pour se régaler d'une carte réduite (3 entrées, 3 plats, 3 desserts) principalement végétarienne, à base de produits de saison en provenance de la Biocoop voisine (ci-contre). Les plats très créatifs ne déçoivent jamais. (03 20 79 21 66 ; 270 rue des Fusillés ; www.instantpresent.net ; plats 15-30 € ; lun-mer midi, jeu-sam midi et soir ; M 4-Cantons-Stade-Pierre-Mauroy + 227, arrêt Doumer)

Bistrot Iodé CUISINE MARINE **€€€**

Cadre raffiné pour une cuisine qui ne l'est pas moins. Les produits de la mer sont mis à l'honneur et la cuisson des poissons, impeccable. Un conseil : gardez un peu d'appétit pour les desserts. (03 62 10 30 45 ; www.lebistrotiode.fr ; 73 av. de Flandres ; plats 26-28 €, menus midi/soir 22-26/33 € ; mer-sam midi et soir ; Planche-Épinoy)

La Table GASTRONOMIE **€€€**

Depuis son installation en 2012 sur le parvis du stade Pierre Mauroy, cette "brasserie" chic a su séduire bien au-delà des supporters. Les plats sont simples et raffinés à l'image des œufs brouillés à la truffe ou du ris de veau aux morilles, vedettes incontestées du menu.

Toujours ouverte avant et après les soirs de manifestation. (03 20 41 28 06 ; www.la-table.fr ; 237 bd de Tournai ; plats 16-30 €, menus 26-58 € ; mar-sam soir, mar-dim midi ; M 4-Cantons-Stade-Pierre-Mauroy)

Sortir

Ferme d'en Haut SPECTACLES

Poésie, danse, théâtre, concerts de jazz, contes... L'ancienne ferme devenue fabrique culturelle (p. 134) possède désormais des salles de spectacle et d'expositions, ainsi qu'un estaminet. (03 20 61 01 46 ; www.villeneuvedascq.fr/ferme_haut.html ; 268 rue Jules-Guesde ; expos et estaminet sam-dim 15h-19h ; gratuit pour les expos, 8/6 € pour les spectacles ; M Pont-de-Bois + 13 arrêt Faidherbe ou Liane 6 arrêt Château)

La Rose des Vents SPECTACLES

Programmation pointue en théâtre, musique ou danse pour cette scène nationale. (03 20 61 96 96 ; www.larose.fr ; bd Van-Gogh ; 21/16 € ; M Hôtel-de-Ville ; P)

Le Méliès CINÉMA

La salle art et essai de La Rose des Vents. (03 20 61 96 90 ; www.lemelies.fr ; rue Traversière ; tarif plein/réduit 6/5 €, enfant 3,20 € ; M Triolo)

Le Kino-Ciné CINÉMA

Cinéma d'art et d'essai de l'université Charles-de-Gaulle Lille III, ouvert à tous. (03 20 41 61 43 ; www.kino-cine.com ; hall de l'université Lille-III, rue du Barreau ; 5,60/4,60 € ; M Pont-de-Bois)

Stade Pierre Mauroy SPORT

Le grand stade Lille Métropole accueille les matchs du LOSC, d'autres manifestations sportives et des concerts. (03 20 59 40 00 ; www.stade-pierre-mauroy.com ; 261 bd de Tournai ; M Cité-Scientifique ou 4-Cantons-Stade-Pierre-Mauroy)

Shopping

La Bouquinerie du Sart LIVRES D'OCCASION

Cette bouquinerie solidaire récupère les livres et les revend partout dans le monde. N'hésitez pas à pousser la porte des lieux pour avoir un aperçu des 150 000 titres référencés. (03 20 83 10 39 ; www.bouquineriedusart.com ; bd Albert-Ier ; lun-sam 10h-18h ; M Jean-Jaurès)

La Ferme du Sens BIO

Outre le restaurant "L'Instant Présent" (voir plus haut), ce site dédié aux entreprises engagées dans la préservation de l'environnement abrite la boulangerie sans gluten **OG** (09 88 30 01 34) et la Biocoop **Saveurs et Saisons** (03 20 64 02 00 ; www.biocoop.saveursetsaisons.com) où l'on trouve des farines locales et la célèbre bière artisanale la "Moulins d'Ascq". (03 28 76 44 39 ; www.lafermedessens.com ; 270 rue des Fusillés ; lun-sam 9h-19h30 ; M 4-Cantons-Stade-Pierre-Mauroy + 227, arrêt Doumer)

Vaut le détour

Escapade à la frontière franco-belge

Une vingtaine de minutes, voilà ce qu'il faut aux Lillois pour passer la frontière belge. Autant dire qu'ils ne s'en privent pas ! Une journée ensoleillée est souvent l'occasion d'une balade verte au mont Saint-Aubert, d'une découverte de la belle cité de Tournai ou de Mouscron, où se bousculent les bonnes adresses. Ces villes du Hainaut, en région wallonne, sont aussi l'occasion de faire le plein de chocolats !

Comment y aller

Lille est à 26 minutes de Tournai via l'A1, l'A27 et la N50. Mouscron, qui jouxte Tourcoing, est à 8 km de Roubaix (15 min en voiture). De Tournai à Mouscron, comptez 30 minutes via l'A8 (E42), l'A17 (E403) et la N58.

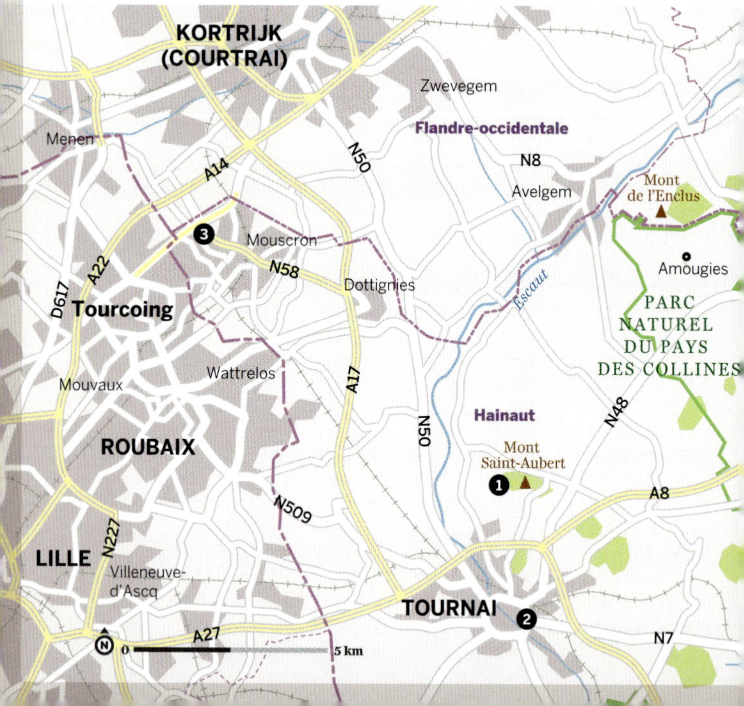

❶ Mont Saint-Aubert

Avec ses 149 m d'altitude, le mont Saint-Aubert est le point culminant du Tournaisis. Par ciel clair, son sommet offre un superbe panorama sur Tournai et la campagne alentour. On peut s'y balader sur des sentiers, dont le chemin des Poètes, aux pierres gravées d'épitaphes.

❷ Tournai

Découvrez cette belle ville wallonne, capitale du Hainaut, traversée par l'Escaut. Commencez par sa **Grand'Place** ornée de jolies façades (remarquez la halle aux Draps), avant de monter au **beffroi**, puis de visiter la **cathédrale Notre-Dame** (XIIe-XIIIe siècle), sur la place de l'Évêché – ces deux sites sont inscrits au patrimoine mondial de l'Unesco. Les cinq tours romanes de la cathédrale s'élancent à plus de 80 m.

Le dimanche matin, les amateurs pourront chiner à la **brocante** (☎ +32 69 22 20 45 ; bd Walter-de-Marvis 22, Tournai ; 🕘 dim 7h-13h) qui a lieu chaque semaine sur le parking du centre commercial Les Bastions.

❸ Mouscron

Mouscron est réputée pour sa fête des Hurlus (en octobre), ses tables typiques et ses folles soirées. À deux pas de la Grand'Place, **La Cloche** (☎ +32 56 85 50 30 ; www.lacloche-resto.be ; rue de Tournai 9 ; carte 11-29 € ; 🕘 lun-ven 12h-14h30 et 19h-22h30, sam-dim 12h-23h), à l'ambiance conviviale et chaleureuse, sert les plats régionaux traditionnels : croquettes aux crevettes grises, filet américain, waterzoï à la bière blanche…

Très actifs durant les années 2000, les méga-dancings de la frontière belge entre Tournai et Mouscron sont aujourd'hui moins nombreux. Subsistent le **Cap'tain** (www.cap-tain.com) et le **Pulse Café** (www.newpulse.be) .

Pour plus d'informations, contactez l'**office du tourisme de Tournai** (☎ +32 69 22 20 45 ; www.visittournai.be ; Place Paul-Emile Janson 1).

★ Bon plan

Entre Tournai et Mouscron, à **Dottignies**, les amateurs de déco peuvent faire halte au magasin **Slots** (☎ +32 56 46 11 70 ; www.slotsdeco.be ; barrière de Fer 20a, Espierres-Helchin ; 🕘 mer-lun 10h-18h30) qui abrite une belle collection de meubles et d'objets déco. On s'y rend pour flâner, attraper au vol quelques idées… et parfois même craquer (les prix sont un peu élevés).

Une petite faim ?

Bonnes adresses pour se restaurer à Tournai : **En cas de faim** (☎ +32 69 56 04 84 ; 33 rue du Cygne), qui sert de délicieux plats méditerranéens à deux pas de la Grand'Place, ou la brasserie **Les Enfants Terribles** (☎ +32 69 84 48 22 ; rue de l'Yser 35).

Lille Hier et aujourd'hui

La Porte de Gand, vestige de l'enceinte espagnole de Lille
BASILE VAILLANT ©

Des traces de peuplement font remonter l'occupation du site à la préhistoire et, plus assurément, à l'époque romaine. Si la légende de Lydéric la fait naître en 640, Lille n'apparaît dans un document qu'au XIe siècle. L'embryon de la Métropole d'aujourd'hui est alors enserré dans les méandres de la Deûle, une rivière se jetant dans la Lys. De sa situation, vient son nom : l'île (*insula* en latin).

Une ville drapière du comté de Flandre

Au Moyen Âge, Lille fait partie du comté de Flandre, constitué au IXe siècle. Au Xe siècle, elle fait partie, avec Ypres, Bruges, Gand et Douai, des cinq "bonnes villes" de Flandre, des cités "drapantes", qui ont reçu du comte des privilèges, comme celui de tisser et de commercer.

Les villes flamandes sont liées aux provinces du Nord et à l'Angleterre (où Lille s'approvisionne en laine). Les comtes de Flandre affichent puissance et autorité face aux rois capétiens et s'illustrent lors des croisades. Au début du XIIIe siècle, le comte Ferrand se laisse entraîner, aux côtés de l'Angleterre de Jean sans Terre et de l'Empire, dans une guerre contre le roi de France, Philippe Auguste, qui vient assiéger Lille en 1213. À défaut de la prendre, il l'incendie. L'année suivante, Ferrand est fait prisonnier à la bataille de Bouvines.

La comtesse Jeanne de Flandre prend alors la relève, et s'illustre en créant, en 1236, l'hôpital Notre-Dame (actuel Hospice Comtesse) destiné aux pauvres. Elle octroie une charte aux bourgeois de la ville, qui leur garantit la liberté de commercer et de diriger leurs affaires ; Lille est désormais gouvernée par des échevins, élus chaque année sous la tutelle du comte, comme en témoignent certains édifices publics dotés d'un beffroi.

Après plusieurs années de bataille, Lille passe sous la tutelle directe de la France en 1304. Aux combats de la guerre de Cent Ans (officiellement commencée en 1337) succèdent famines et épidémie de peste noire (1348-1349) qui déciment la population.

Les ducs de Bourgogne

En 1369, le mariage de Marguerite de Flandre avec le duc de Bourgogne, Philippe le Hardi, fait tomber la Flandre dans les possessions du grand-duché de Bourgogne. Jean sans Peur, duc de Bourgogne et comte de Flandre de 1405 à 1419, repousse les limites de la ville et fait construire de nouveaux remparts, ornés de 65 tours, dont il reste un témoignage, la Noble Tour. Philippe le Bon, duc de 1419 à 1467, donne à Lille tout son éclat : il la dote du palais Rihour et d'institutions qui accroissent le rôle de la cité dans l'administration de l'État bourguignon. Le XVe siècle correspond aussi à l'essor de Roubaix qui élit ses propres échevins.

Les beffrois

Avec leur silhouette élancée surplombant la ville, coiffée d'une tour où niche un carillon, les beffrois sont des figures emblématiques du patrimoine régional. Symboles de la conquête des libertés civiques, ceux qui hérissent le paysage lillois témoignent également de l'apogée industrielle de la Métropole.

Très présents dans les Flandres, en France comme en Belgique, les beffrois incarnaient, au Moyen Âge, l'autonomie de gestion des associations de marchands sur une ville. Isolés ou intégrés à une halle aux draps, ils revêtaient des fonctions multiples. Tour de guet, ils prévenaient d'une invasion ennemie ou d'un incendie – d'où le dragon, incarnant la vigilance, qui surmonte les plus anciens d'entre eux. Dotés d'une horloge, parfois animée de jacquemarts, ils faisaient office de cloche civique, sonnant l'heure et avertissant la population des grands rassemblements.

Les beffrois de la Métropole, venant grandir les édifices municipaux ou les chambres de commerce, furent élevés lors de la gloire industrielle de la région, de 1885 à 1930. Parmi les plus impressionnants figurent celui de la chambre de commerce et d'industrie de Lille, signé Louis-Marie Cordonnier (p. 37 ; photo p. 32) ; celui de l'hôtel de ville, inscrit au patrimoine mondial de l'Unesco et accessible au public, qui toise la Métropole à 104 m de hauteur (p. 92 ; photo p. 82) ; ou celui de la mairie de Wambrechies, typique d'une architecture régionale en brique. Signalons aussi l'hôtel de ville de Roubaix (p. 110) et sa magnifique frise, évocateurs de la prospérité de la ville au début du XXe siècle.

En parcourant la Métropole, faites une halte à Comines : son beffroi signé Louis-Marie Cordonnier, également inscrit au patrimoine mondial de l'Unesco, possède un bulbe en ardoise étonnant et une architecture des plus singulières, alliant les styles néo-Renaissance flamande et baroque.

Draps, velours et autres tissus

Aux Xe et XIe siècles, la production des "draps" (c'est-à-dire des tissus) est d'abord dévolue aux campagnes ; c'est une production encore grossière qui puise dans les ressources locales (laine, lin, chanvre). Dès le XIIe siècle, l'industrie drapière s'installe en ville. La laine est parfois importée d'Angleterre et les échanges sillonnent l'Europe. La tenue de grandes foires fait des villes flamandes le passage obligé des marchands qui parcourent les routes de l'Italie du Nord aux Flandres.

Lille espagnole

En 1477, Marie de Bourgogne épouse Maximilien de Habsbourg, ce qui place la Flandre sous la tutelle de l'Autriche au grand dam des communes flamandes et du roi de France. En 1519, Charles de Gand, héritier de l'État bourguignon, souverain des Pays-Bas et roi d'Espagne, est élu empereur du Saint Empire romain germanique sous le nom de Charles Quint. À son abdication (1555), les Pays-Bas, dont Lille fait partie, restent dans l'escarcelle espagnole.

Guerres de Religion

Au XVIe siècle, Lille est malmenée pendant les guerres de Religion. La région dite des provinces du Sud (Pays-Bas espagnols, catholiques) fait face aux provinces du nord des Pays-Bas, protestantes, aux mains de Guillaume de Nassau, prince d'Orange. Les "hérétiques" pillent les églises de la région. Les Hurlus (1560-1582), ces "va-nu-pieds qui hurlent" et sillonnent le pays en se réclamant du prince d'Orange, assiègent Lille en 1582, donnant l'occasion à Jeanne Maillotte d'entrer dans l'Histoire : elle serait parvenue à les repousser seulement armée d'une hallebarde et de sa volonté farouche.

Dans la première moitié du XVIIe siècle, Lille redevient une ville prospère. Deux nouvelles portes sont édifiées dans les remparts : les actuelles portes de Roubaix et de Gand. Sous l'impulsion de la Contre-Réforme, les églises se multiplient. Sous la tutelle des jésuites, couvents, confréries et hôpitaux voient le jour et s'ornent des toiles de maîtres flamands de l'école d'Anvers tout près : Rubens, Van Dyck et Jordaens. S'élèvent maisons de brique et de pierre, aux façades ornées d'angelots ou de guirlandes de fleurs, et en 1652-1654, est édifiée la Vieille Bourse, magnifique ensemble de style flamand.

Lille française

À la mort du roi d'Espagne Philippe IV en 1665, Louis XIV estime que les Pays-Bas doivent lui revenir (il a épousé l'infante Marie-Thérèse). Le roi assiège Lille en août 1667. La ville et toute la région dite des Flandres wallonnes deviennent officiellement françaises l'année suivante. Le roi dote la ville d'une intendance (où siège son représentant) et d'un Hôtel des monnaies, tandis que Vauban édifie la "reine des citadelles". De cette époque datent l'actuel Vieux-Lille, le rang du Beauregard, l'église Sainte-Marie-Madeleine et la Porte de Paris.

Au moment de la guerre de la succession d'Espagne, Lille est assiégée par la coalition opposée à la France (Prusse, Autriche, Angleterre, Provinces-Unies, c'est-à-dire les Pays-Bas protestants). Les Hollandais occupent la ville jusqu'au traité d'Utrecht (1713) qui laisse Lille au royaume de France.

Dans la première partie du XVIIIe siècle, Lille se modernise (chaussées pavées, maisons en pierre). En 1762, un édit royal supprime les corporations de métiers issues du Moyen Âge. Les communes du royaume ont désormais le droit de fabriquer à leur guise toutes sortes de tissus. Lille est vivement concurrencée par l'essor de Roubaix. En découlent les dynasties des grands marchands-fabricants roubaisiens, ancêtres des capitaines d'industrie du XIXe siècle. Tourcoing se spécialise dans le commerce des laines. À Lille, l'activité se diversifie avec succès dans la fabrication de dentelles et la fabrique de faïences.

Révolution

Outre le siège de la ville, en 1792, par l'armée autrichienne, Lille est peu affectée par les remous révolutionnaires et se range rapidement du côté des républicains.

En 1794, la bataille de Tourcoing met en déroute les armées des monarchies européennes face aux troupes françaises. L'empereur Napoléon Ier remercie la ville en en faisant le chef-lieu du département du Nord en 1804.

Le grand boom de la révolution industrielle

Lille et Roubaix s'industrialisent dès le début du XIXe siècle. Les progrès s'accélèrent avec les métiers à tisser mécaniques, la machine à vapeur et le chemin de fer (la première liaison en train entre Paris et Lille date de 1846). Cette évolution va aussi bouleverser le paysage urbain.

En 1858, Lille englobe les villages de sa périphérie (Wazemmes, Moulins, Fives, Saint-Maurice) et triple sa superficie. Sous l'influence haussmannienne, surgissent de grands boulevards et de vastes esplanades, comme l'actuelle place de la République (alors place

L'Eurométropole Lille-Kortrijk-Tournai

Le dialogue entre LMCU et les intercommunales belges s'amorce en 1991. Dix-sept ans plus tard, en 2008, l'Eurométropole Lille-Kortrijk-Tournai (fr.eurometropolis.eu) voit le jour. Groupement européen de coopération territoriale (GETC), il a pour objectif le renforcement des cohésions politiques, sociales et culturelles transfrontalières. Son territoire s'étend sur 3 550 km^2, englobant Lille Métropole, le sud de la Flandre-Occidentale (les arrondissements de Courtrai, Ypres et Roulers) et la Wallonie picarde.

Le combat de Lydéric et de Phinaert

Selon la légende, le prince Salvaert et son épouse Ermengaert, enceinte, sont attaqués alors qu'ils traversent les Flandres par le géant Phinaert, maître de la région. Le prince est tué, mais Ermengaert parvient à se cacher dans la forêt, où elle donne naissance à un fils, Lydéric. Devenu grand, celui-ci retrouve le géant, venge son père et reçoit ses terres en héritage : Lille voit ainsi le jour en l'an 640. Un combat qui se rejoue lors des fêtes des Géants (voir p. 120).

Napoléon-III). Les remparts qui enserrent la ville commencent à être détruits en 1890.

La ville passe de 53 000 habitants en 1800 à près de 200 000 en 1891. La population ouvrière des anciens villages annexés vit dans des courées insalubres. La semaine de travail dure 90 heures. Des révoltes éclatent, notamment en 1847.

Roubaix connaît le même type d'évolution, à un rythme encore plus rapide. Elle accueille une population transfrontalière importante. Sa densité est multipliée par 15 en un siècle. Dès 1840, le centre-ville compte un dense habitat ouvrier, constitué de courées. La municipalité, aux mains des patrons d'industrie, lance un plan concerté d'urbanisme, dans un effort de salubrité et d'esthétique.

À gauche toute

Politiquement, la région balance entre de grands industriels ou des représentants du Parti ouvrier et socialiste. Lille est dirigée par des hommes de gauche (Gustave Delory notamment) dès la fin du XIXe siècle et Roubaix au début du XXe siècle.

Les deux guerres

Après la Première Guerre mondiale, les bombardements et 4 ans d'occupation allemande, Lille est en ruine. Le nouvel hôtel de ville et son beffroi haut de 104 m sortent de terre. Comme ailleurs, les années 1929-1932 sont marquées par des crises économiques et sociales de grande ampleur, ponctuées de manifestations et de grèves. Deux hommes du Nord participeront au gouvernement du Front populaire de Léon Blum en 1936 : Jean-Baptiste Lebas (voir l'encadré p. 112) et Roger Salengro (élu maire de Lille en 1925).

Nouvelle occupation lors de la Seconde Guerre mondiale. Entre 1940 et 1944, Lille et le nord de la France sont classés "zones interdites" et dirigés directement depuis Bruxelles par les autorités allemandes. En 1941 naît un journal clandestin, *La Voix du Nord*.

L'après-guerre est consacré à moderniser les villes et à assainir les quartiers les plus insalubres. L'habitat est presque continu entre Lille, Roubaix et Tourcoing ; les centres des trois communes sont reliés par une même artère, le Grand Boulevard.

Lille Métropole

En 1967 est mise en place la Communauté urbaine de Lille (CUDL), devenue Lille Métropole Communauté urbaine (LMCU), puis Métropole Européenne de Lille (MEL). Aujourd'hui, la MEL regroupe 95 communes, où vivent 1,17 million d'habitants, la hissant au rang de 4e agglomération de France.

Suite à la crise de l'industrie textile des années 1970, la Métropole trouve une nouvelle voie dans le secteur tertiaire. En parallèle, de grands travaux sont lancés sous la houlette de Pierre Mauroy notamment, maire de Lille entre 1973 et 2001 (avant de passer le flambeau à Martine Aubry). Villeneuve-d'Ascq accueille ses premiers habitants en 1972. Le métro automatique, le VAL, est inauguré en 1983. À la même époque, les frontières s'ouvrent, Paris ainsi que l'Angleterre se rapprochent, grâce au TGV et au tunnel sous la Manche (inauguré en 1994). La nouvelle gare Lille-Europe et le TGV Nord-Europe sont achevés en 1993, Euralille en 1995. Les années 2000 voient l'implantation de pôles d'excellence tels qu'Euratechnologies à Lomme, Eurasanté à Lille ou La Plaine Images dans le quartier de l'Union à Roubaix-Tourcoing qui contribuent aujourd'hui à faire de la métropole lilloise un centre économique très attractif.

Initiée au milieu des années 1960, la réhabilitation des quartiers anciens se poursuit, redonnant un formidable coup d'éclat au Vieux-Lille, alors quartier vétuste et insalubre. La réaffectation des lieux industriels est plus récente, portée par des associations et les instances municipales.

L'année 2004 couronne Lille capitale européenne de la culture (avec Turin) et place la Métropole sous les projecteurs, lui conférant une nouvelle image mêlant culture, innovation et dynamisme, qu'elle entretient activement depuis avec Lille3000 (www.lille3000.eu). Dans la foulée de cette reconnaissance internationale, Lille a été désignée capitale mondiale du design en 2020.

Depuis la réforme territoriale de 2014, Lille est à la tête de la région des Hauts-de-France, fusion des anciennes régions du Nord-Pas-de-Calais et de la Picardie. Principal moteur démographique du Nord, la métropole lilloise – et ses 1,17 million d'habitants – devrait gagner 180 000 habitants d'ici 2050.

Carnet pratique

Une enseigne près de la Grand'Place PHILIPPE TURPIN / PHOTONONSTOP

Arriver à Lille

Avion

L'aéroport de la métropole lilloise est **Lille-Lesquin** (☎0891 67 32 10 ; www.lille.aeroport.fr), situé à 15 minutes de route du centre-ville. L'aéroport dessert plusieurs villes françaises (dont Marseille, Lyon, Bordeaux, Nice et Toulouse) et une dizaine de destinations étrangères.

Un service de **navettes** (☎0891 67 32 10 ou +33 320 496 747 depuis la Belgique ; lun-ven 5h10-20h, sam 5h10-17h dim 11h-20h, départ gare ; lun-ven 5h30-22h30, sam 9h30-18h30, dim 11h30-22h15, départ aéroport ; 8/10 € aller simple/aller-retour), au départ d'Euralille (arrêt devant le centre commercial), relie l'aéroport (départ toutes les heures environ) en une vingtaine de minutes.

Train

Pour se rendre à Lille, au départ de Paris, le TGV, depuis la gare du Nord, reste le moyen le plus simple et le plus rapide (deux trains par heure en début de matinée et en fin d'après-midi et un train toutes les 2 heures entre les deux ; renseignements sur oui.sncf ou ☎36 35). Après 1 heure de trajet, vous arrivez à l'une des deux gares voisines, Lille-Flandres ou Lille-Europe, situées à 400 m l'une de l'autre. Depuis Bruxelles, on rejoint Lille en TGV ou en Eurostar en partant de la gare du Midi (35 minutes de trajet).

La **gare Lille-Flandres** (pl. de la Gare ; M Gare Lille-Flandres) est principalement dédiée aux liaisons régionales et nationales, avec quelques liaisons TGV, et la **gare Lille-Europe** (Euralille ; M Lille-Europe), dite aussi gare TGV, accueille des trains nationaux et internationaux. Certains trains continuent jusqu'à Tourcoing ou Roubaix (6 trains/jour au départ de Paris ; 1 heure 30).

Voiture

Lille est à 220 km (2 heures 20) de Paris par l'A1, à 600 km (6 heures) de Nantes, à 690 km (6 heures 30) de Lyon, à 525 km (5 heures) de Strasbourg et à 115 km (1 heure) de Bruxelles.

Comment circuler

Transports en commun

La société **Ilévia** (☎03 20 40 40 40 ; www.ilévia.fr) gère les transports en commun (bus, tramway et métro) de la Métropole.

Pour plus de détails, adressez-vous aux espaces info et vente :

- **Gare Lille-Flandres** (lun-ven 7h-19h, sam 8h-18h30), au sous-sol de la gare, près de la station de métro ou en surface, près du Tripostal.
- **République-Beaux-Arts** (lun-ven 7h30-18h30)
- **Villeneuve-d'Ascq-Hôtel-de-Ville** (lun-ven 10-17h, sam 10h30-18h30)
- **Roubaix Eurotéléport** (lun-ven 7h-18h30)

- **Tourcoing-Centre** (⏲lun-ven 7h30-18h 30)

Chaque station de métro et arrêt de tramway dispose de distributeurs permettant d'acheter des billets, utilisables indifféremment dans le métro, le tramway ou les bus. Il faut un support rechargeable (0,20 €).

Un ticket classique coûte 1,70 €. Un carnet de 10 tickets vaut 14,90 €, le pass journée 5 €, un pass 2 jours 9 € et un pass 3 jours 12,20 €. Le pass soirée (de 19h à la fin du service et sur la ligne de nuit) est à 2,35 €.

- **Bon à savoir** Pour les trajets couvrant 3 stations ou moins, il existe également les tickets Zap à 1,10 €.

Bus

Sur la quasi-totalité de la métropole lilloise, le réseau urbain et suburbain est bien développé et prend généralement le relais à la sortie du métro. Ainsi, la station Eurotéléport à Roubaix côtoie une gare routière qui dessert la ville et ses environs.

Procurez-vous le plan détaillant toutes les lignes de bus auprès des guichets Ilévia.

Ligne de nuit

Entre la station Porte-de-Douai et 4-Cantons, elle prend le relais du métro la nuit et relie les quartiers festifs de Lille (Masséna, République, Lille-Flandres) aux résidences étudiantes (Pont-de-Bois, Cité scientifique). (⏲jeu-ven 0h40 à 5h toutes les 30 min, sam 1h40-6h, toutes les 30 min)

Navette du Vieux-Lille

Comme son nom l'indique, cette **navette** (⏲lun-sam 7h-21h ; 1,20 €) sillonne le Vieux-Lille, au départ de la place Rihour, jusqu'à la citadelle toutes les 10 à 15 minutes. Minibus "à la demande", il suffit de lui faire signe pour qu'il s'arrête.

Navette Citadine

Elle relie le centre de Lille et les gares à certains quartiers périphériques : Wazemmes, Moulins, Lille-Sud et Vauban-Esquermes. Elle circule de 5h30 à 21h30 du lundi au samedi, toutes les 15 minutes et de 8h à 21h30 les dimanches et jours fériés toutes les 30 minutes.

Lianes

De Lille, ces 11 lignes de bus à haut niveau de service permettent de rallier rapidement Villeneuve-d'Ascq, Roubaix, Tourcoing, voire plus loin Comines et Halluin.

Pour la navette du Vieux-Lille, la Citadine ou les Lianes, les arrêts sont indiqués sur le plan fourni par l'office du tourisme de Lille et un plan général est donné sur le site Internet d'Ilévia (www.ilevia.fr).

Métro

Le **VAL** (véhicule automatique léger), sans conducteur, a été mis en place à Lille en 1983 ; il a été prolongé jusqu'à Roubaix et Tourcoing en 2000. Il comporte 2 lignes, desservant près de 60 stations, et circule tous les jours, de 5h17 à 0h30. Jusqu'à 1h30 le samedi. Il démarre à 6h20 le dimanche.

- La **ligne 1**, la plus courte, relie la station CHR B.-Calmette à 4-Cantons, via notamment le centre de Lille (Rihour, République et Gambetta), ainsi que certains quartiers de Villeneuve-d'Ascq.

- La **ligne 2**, entre Saint-Philibert et CH Dron, passe par Lambersart, la mairie de Lille et ses deux gares, Mons-en-Barœul, Villeneuve-d'Ascq, Wasquehal, Croix, Roubaix et Tourcoing (voir le plan du métro et du tramway de Lille sur le plan détachable en fin de guide).

Tramway

Le tramway (ou "Mongy") relie Lille à Roubaix et Tourcoing via plusieurs communes de la Métropole : La Madeleine, Marcq-en-Barœul, Wasquehal, Mouvaux, Villeneuve-d'Ascq, Croix. Au départ de la gare Lille-Flandres, il circule sur le Grand Boulevard, où les arrêts sont communs aux deux lignes (Roubaix et Tourcoing), puis les lignes se séparent au niveau de Croisé-Laroche (Marcq-en-Barœul). Les terminus Gare Lille-Flandres, Eurotéléport et Tourcoing-Centre, ainsi que les arrêts Lille-Europe et Wasquehal-Pavé de Lille, font jonction avec le métro (voir le plan du métro et du tramway de Lille sur le plan détachable en fin de guide).

Taxi

Plusieurs stations de taxis sont disséminées dans la ville. Si vous souhaitez contacter directement un prestataire : **Taxis Union** (☎ 03 20 06 06 06).

Vélo

Lille est dotée du système de vélos en libre-service **V'lille** (www.ilevia.fr ; abonnement journée 1,70 € ; première demi-heure gratuite, puis 1 € les 30 min). Plus de 200 stations, réparties aux quatre coins de la Métropole, permettent d'emprunter à sa guise la petite reine habillée de rouge.

Les villes de Lille et de Roubaix éditent une brochure sur le vélo en ville, comportant notamment un plan des pistes cyclables.

- **Avertissement**
Depuis trois ans, la ville a consenti de gros efforts pour faciliter la pratique du vélo et les rues de Lille sont aujourd'hui quasiment toutes à double sens pour les cyclistes. Seulement, certaines d'entre elles sont étroites et les automobilistes pas toujours avertis de cette mini-vélorution. Restez donc prudent et respectez les panneaux de signalisation.

- **Bon à savoir**
Vous pouvez prendre le tramway avec votre vélo, sans supplément. Quelques règles à respecter : un seul vélo par rame est autorisé ; entrez dans la première ou la dernière voiture ; la station Gare Lille-Flandres est interdite aux vélos (vous devez prendre le tramway au moins à l'arrêt suivant).

Voiture

Des agences de location jalonnent les alentours des gares Lille-Flandres et Lille-Europe.

- **Avis** (☎ 0820 61 16 96, 0820 61 16 95 ; www.avis.fr ; Gare Lille-Flandres et Gare Lille-Europe – niveau 3)
- **Budget** (☎ 03 28 36 55 66 ; 81 bd Carnot)

- **DLM** (03 20 06 18 80 ; www.dlm.fr ; 32 pl. de la Gare)
- **Hertz** (03 28 36 28 70 et 03 28 36 25 90 ; www2.hertz.fr ; 33 rue de Tournai, gare Lille-Flandres et gare Lille-Europe)
- Afin de limiter la circulation des voitures en centre-ville, 10 parkings relais gratuits (si vous possédez un titre de transport en commun) sont à disposition aux portes de la Métropole. Ils jouxtent les stations de métro Porte-des-Postes, Porte-d'Arras, CHR B.-Calmette, Saint-Philibert, Les Prés et 4-Cantons. Enfin, le parking du Champ-de-Mars, attenant à la citadelle, est surveillé et payant. Il est relié au centre-ville et au Vieux-Lille par la navette du Vieux-Lille (voir p. 153).

Infos pratiques

Offices du tourisme

- **Lille** (0891 56 20 04, +33 359 579 400 depuis l'étranger ; www.lilletourisme.com ; 42 pl. Rihour ; lun-sam 9h30-12h30 13h30-17h30, dim et jours fériés 10h-12h30 13h30-17h30). L'office du tourisme propose un City Pass, intéressant si vous comptez rester plusieurs jours et enchaîner les visites. Il donne accès, pour 24 heures (25 €) ou 48 heures (35 €), à 29 musées et sites touristiques majeurs de la Métropole (palais des Beaux-Arts, La Piscine, la Villa Cavrois, le LaM, le MUba Eugène-Leroy, Mosaïc...), aux transports en commun, et offre des réductions pour certains spectacles. Il existe également un pass 72 heures (45 €) étendu à 10 sites de la région Hauts-de-France, tels que le Louvre-Lens ou le musée Matisse et au réseau TER de la SNCF.
- **Bon à savoir** Si vous avez l'occasion de vous rendre fréquemment dans la métropole lilloise, la carte C'Art (p. 39) peut s'avérer avantageuse : elle offre pendant un an un accès illimité aux musées majeurs de la Métropole (www.lacart.fr ; solo/duo/-de 26 ans 40/60/20 €).
- **Roubaix** (03 20 65 31 90 ; www.roubaixtourisme.com ; 7 rue du Chemin-de-Fer ; mar-sam 9h30-18h)
- **Tourcoing** (03 20 26 89 03 ; www.tourcoing-tourisme.com ; 9 rue de Tournai ; mar-sam 9h30-12h30 et 14h-18h, 17h30 le sam)
- **Villeneuve-d'Ascq** (03 20 43 55 75 ; www.villeneuvedascq-tourisme.eu ; château de Flers, chemin du Chat-Botté ; mar-ven 9h-12h30 et 14h-18h, sam 9h-12h ; M Pont-de-Bois ou Fort-de-Mons ; + Liane 6 ou 32, arrêt Château)
- **Val de Deûle** (03 28 38 84 21 ; www.valdedeule-tourisme.fr ; 21 pl. du Général-de-Gaulle, Wambrechies ; mar-ven 9h30-12h30 et 14h-17h30, sam 10h-12h30, mi-avr à mi-oct dim et jours fériés 14h30-17h30) ; avec une antenne à la **Maison Folie Le Colysée** (205 av. du Colysée, Lambersart ; mer 14h-18h).

Sites Web

- **www.hautsdefrance.sortir.eu**
La programmation culturelle de Lille et de la région (cinéma, expos, théâtre, concerts, conférences)

- **www.lillelanuit.com** Agenda des sorties culturelles (soirées, concerts, spectacles...)
- **www.lm-magazine.com** Le site du magazine culturel des Hauts-de-France et de la Belgique
- **www.lille.fr** Le site de la Mairie de Lille
- **www.lillemetropole.fr** Le portail officiel de Lille Métropole communauté urbaine (actualités, transports, tourisme, agenda...)
- **www.hellolille.eu/** Le site de l'agence d'attractivité de la métropole lilloise

Hébergement

Lille

Les hôtels associant petits prix et situation agréable sont rares à Lille. Nous indiquons ici les adresses les plus attrayantes, pour leur cadre, leur emplacement et leur rapport qualité/prix. Les catégories moyenne et supérieure sont en revanche bien représentées dans la ville, sans doute en raison de la clientèle d'affaires. Les tarifs peuvent varier du simple au triple en fonction de la période. Les tarifs les plus bas correspondent le plus souvent aux week-ends et aux vacances scolaires, sauf en période de congrès ou de festivités.

Les chambres d'hôtes restent l'une des options les plus judicieuses pour se loger dans la Métropole ; certaines adresses pleines de charme réservent un séjour original, que vous choisissiez de dormir à Lille ou à ses portes.

Les propriétaires de chambres d'hôtes privilégient les séjours d'au moins 2 nuits, pour des raisons pratiques mais aussi conviviales. Des tarifs dégressifs sont souvent proposés pour les longs séjours. N'hésitez pas à réserver plusieurs semaines à l'avance, surtout pour un week-end de printemps ou d'automne. Notez enfin que la plupart des adresses vous demanderont une taxe de séjour oscillant autour de 1 €.

Grand'Place et gares

Hôtel Faidherbe

03 20 06 27 93 ; www.hotelfaidherbelille.fr ; 42 pl. de la Gare ; s 40-70 €, petit-déj 8 € ; accueil 24h/24 ; M Gare Lille-Flandres ; Situé sur le côté de la gare Lille-Flandres, cet hôtel sans prétention est une bonne solution de repli le temps d'une nuit si vous êtes en solo. Chambres modernes et confort sommaire. Préférez les chambres situées à l'arrière à celles donnant sur la rue passante.

Hôtel de la Paix

03 20 54 63 93 ; www.hotel-la-paix.com ; 46 bis rue Pierre-Mauroy ; s 75-130 €, d 85-150 €, tr 90-150 €, petit-déj 9,50 € ; M Gare Lille-Flandres ou Rihour ; Le rouge et le jaune sont à l'honneur dans les chambres nommées Picasso, Van Gogh, Lempicka, etc. Tarifs selon l'équipement (douche, baignoire, lits jumeaux, lit double). Personnel très aimable. Petit-déjeuner servi dans la jolie salle d'inspiration Art nouveau.

La Valiz

03 20 06 04 12 ; www.hotellavaliz.com ; 13 pl. de la Gare ; s 52-150 €, d 80-190 €, tr 99-250 €, qua 108-270 €, petit-déj 12 € ; M Gare Lille-Flandres ;
Cette adresse face à la gare propose des chambres parquetées à la déco contemporaine et aux papiers peints d'inspiration tropicale (ananas, bambous...). Mobilier et literie haut de gamme. Buffet à volonté au petit-déjeuner. Un parking de 4 places (14 €), gardé 24h/24, est accessible à 200 m, sur réservation.

Hôtel Kanaï

03 20 57 14 78 ; www.hotelkanai.com ; 10 rue de Béthune ; d 65-279 € selon confort, ste 109-349 €, petit-déj 11 € ; M Rihour
En plein épicentre piétonnier, cet établissement jouit d'un emplacement de choix. Son escalier exigu et ses couloirs labyrinthiques mènent à des chambres confortables et modernes, d'inégale superficie. Si vous avez le sommeil léger, préférez les chambres donnant sur l'intérieur. L'entrée de l'hôtel se situe rue de la Vieille-Comédie. Buffet de produits locaux au petit-déjeuner. Parking 4 places (14 €) à 300 m de l'hôtel.

Hôtel Brueghel

03 20 06 06 69 ; www.hotel-brueghel-lille.com ; 3-5 parvis Saint-Maurice ; s 71-90 €, d 80-109 €, tr 112-147 €, petit-déj 12 € ; M Gare Lille-Flandres ;
Tout le charme d'une demeure particulière, devant la flamboyante église Saint-Maurice, dans le secteur piétonnier. Bibelots, sofas, toiles et ascenseur rétro évoquent la maison d'une grand-tante, qui aurait eu deux amours : l'Angleterre de Laura Ashley et les sonates de Chopin. Plus sobrement décorées, les chambres, claires et agréables, sont assez inégales côté équipement et superficie. Demandez à les voir. Accueil sympathique.

Grand Hôtel Bellevue

03 20 57 45 64 ; www.grandhotelbellevue.com ; 5 rue Jean-Roisin ; d 110-200 €, tr 125-215 €, petit-déj 14 € ; M Rihour ;
Un hôtel particulier du XVIIIe siècle entièrement rénové en novembre 2018 qui mêle déco contemporaine colorée et mobilier d'époque. L'entrée, ornée d'une marquise, est située rue Jean-Roisin. Le bar Le Windsor (p. 47) est attenant. Tarifs en fonction du confort et de la vue : les 15 chambres (sur 64) donnant sur la Grand'Place sont les plus chères. Promotions le week-end. Accueil charmant.

Hôtel Carlton

03 20 13 33 13 ; www.carltonlille.com ; 3 rue de Paris ; d 115-260 €, ste 450-550 €, petit-déj 20 € ; M Rihour ou Gare Lille-Flandres ; P
Un quatre-étoiles avec vues sur le beffroi de la chambre de commerce et l'Opéra,

notamment depuis la suite "Coupole", impressionnant duplex de 80m². Bar, salons privés, salle de musculation, sauna agrémentent les chambres confortables à la déco sobre, toujours dans les tons beiges ou marron. Parking (30 €).

L'Arbre Voyageur

03 20 20 62 62 ; www.hotelarbrevoyageur.com ; 45 bd Carnot ; d 110-200 €, ste 200-300 €, petit-déj buffet 18 € ; M Rihour ou Gare Lille-Flandres ; P

À une centaine de mètres de la Grand'Place, l'ancien consulat de Pologne a été métamorphosé en février 2017 en un hôtel particulièrement douillet, malgré sa modernité. L'accueil chaleureux et le personnel aux petits soins y sont pour beaucoup. L'établissement abrite deux restaurants (un gastronomique et une brasserie) et une boulangerie dont profite une clientèle d'affaires qui laisse sa place aux touristes le week-end. Parking 13 € les 24 heures.

Vieux-Lille et citadelle

The People Hostel

03 20 06 06 80 ; www.thepeoplehostel.com/fr/lille ; 109 rue de Saint-André ; dort 19-40 €, ch d/fam 60-105/130-190 €, petit-déj 4,20-6,90 € ; accueil 24h/24 ; M Rihour

Cette auberge de jeunesse nouvelle génération allie petits prix et atmosphère design. Les basiques du genre – dortoirs de 10 lits, chambres individuelles de 2 personnes, cuisine commune... – s'agrémentent d'une déco à l'esprit loft cosy. Certains dortoirs et chambres individuelles possèdent leurs salles de bains privées et/ou sont réservés aux femmes. À savoir : le pub situé au rez-de-chaussée connaît un franc succès en afterwork (voir aussi p. 77).

Hôtel Ibis Centre Grand-Place

03 20 06 21 95 ; 21 rue Lepelletier ; s 75-161 €, d 79-165 €, tr 94-184 €, petit-déj buffet 10,50 € ; M Rihour ; P

Cette adresse de la chaîne Ibis se détache du lot en raison de sa situation, à l'entrée du Vieux-Lille, dans une petite rue juste derrière l'Opéra. Ne vous attendez pas à une décoration très recherchée, mais le confort est de bon ton et les chambres sont fonctionnelles. Parking à 5 minutes à pied sur réservation (11 €). Animaux acceptés (5 €/nuit).

Hôtel de la Treille

03 20 55 45 46 ; www.hoteldelatreille.com ; 7-9 pl. Louise-de-Bettignies ; s 80-150, d 80-180 €, petit-déj sem/week-end 16/10 € ; M Rihour ;

Installé à l'entrée de la rue de la Monnaie, tout près de l'Hospice Comtesse, cet hôtel de charme jouit d'un emplacement idéal dans le Vieux-Lille.

Récemment rénovées, les chambres y font l'effort d'une décoration cosy. Accueil sympathique. Parking souterrain av. du Peuple-Belge.

Lille au Calme

03 20 55 01 06, 06 07 36 55 76 ; www.lilleaucalme.fr ; 112 rue de Jemmapes ; s/d 60/70 €, 55/65 € à partir de 2 nuits, avec petit-déj ; M Rihour, bus Liane 1, arrêt Colpin) ; P

Dans une maison du Nord classique, fleurie et située dans un secteur calme, au nord du Vieux-Lille, cette chambre très lumineuse dotée d'un coin douche-toilettes, est séparée par une véranda de l'habitation des propriétaires. Au 1er étage, elle donne sur une terrasse avec table et chaises de jardin.

Hôtel Mercure Lille Centre Vieux-Lille

03 59 57 47 00 ; 27 rue des Tours ; d 130-200 €, tr 160-220 €, petit-déj 17,50 € ; M Rihour ou Gare Lille-Flandres ; P

À deux pas de la très animée rue de Gand, l'ancien hôtel des Tours tout de brique et de pierre, est entré dans la famille Mercure. Totalement refait à neuf, il offre un intérieur moderne et cosy, fidèle aux caractéristiques de son enseigne. Personnel efficace. Parking (18 €).

Hôtel Alliance – Couvent des Minimes

03 20 30 46 08 ; www.alliance-lille.com ; 17 quai du Wault ; d/ste 120-300/250-480 € ; petit-déj 19 € ; M Rihour ;

Un monastère du XVIIe siècle, devant la Deûle, offre de vastes chambres à la déco moderne réparties autour d'un patio. Des tables (pour le petit-déjeuner buffet) sont disposées dans le jardin de l'ancien cloître. Restaurant et bar sur place. Parking (21 €).

République et Saint-Sauveur

Auberge de jeunesse

03 20 57 08 94 ; www.hifrance.org ; 235 bd Painlevé ; dortoir/s/d 29,15/43,40/60,50 €, petit-déj inclus, draps fournis ; accueil tlj 24h/24h, fermé 20 déc-début jan ; M Porte-de-Valenciennes ou bus Citadines, arrêt Painlevé ;

Au rez-de-chaussée de la Maison Stéphane Hessel, bâtiment futuriste inauguré en 2016, la nouvelle auberge de jeunesse dispose de 200 lits répartis dans une cinquantaine de chambres avec douche dont 5 individuelles et 5 doubles. Dans le hall d'accueil, autour d'un bar-snack, vous attendent équipements communs (laverie, cuisine), services gratuits (bagagerie, garage à vélo, Wi-Fi...), et même des rendez-vous culturels : théâtre, lectures, cours de danse...

Lille City Hôtel

03 20 12 96 96 ; www.lillecityhotel.com ; 57 rue de Béthune ; s/d/tr/qua 50-70/60-80/70-900/80-100 €, petit-déj buffet 10 € ; M Rihour ou République ;

L'entrée donne sur une rue piétonne, près de la Galerie 57. Un établissement sans grand charme, mais fonctionnel et relativement peu coûteux.

Au Cœur de Lille

06 50 04 02 87 ; www.aucoeurdelille.fr ; 1 rue Boileux ; s/d/tr/q 105/120/150/170 €, avec petit-déj ; M Rihour ; wifi P (15 €)

Très bien placé, à mi-chemin entre la Grand'Place et le bois de Boulogne, donnant sur le boulevard de la Liberté, cet immeuble 1900 cossu abrite 2 chambres lumineuses à la propreté étincelante. Bibliothèque au mur, plateau de courtoisie sur la table de chevet, descente de lit colorée sur le parquet… On se sent vite comme chez soi, d'autant que l'on prend le petit-déjeuner (viennoiserie et salade de fruit) dans la salle à manger familiale.

La Maison du Champlain

03 20 54 01 38 ; www.lamaisonduchamplain.fr ; 13 rue Nicolas-Leblanc ; s/d 110-140/130-150 €, ste s/d 139-160/150-200 €, avec petit-déj, espace détente 14h-19h 45 €/2 pers pour 1 heure ; M République

Cette grande demeure bourgeoise, de 1873, à deux pas du palais des Beaux-Arts, loue 4 suites de grand confort avec partie salon, coin bureau et salle de bains de belles dimensions. Décoration de charme, parfois un peu chargée mais harmonieuse et élégante. Au sous-sol, un espace détente, associant hammam, Jacuzzi et sauna.

Hermitage Gantois

03 20 85 30 30 ; www.hotelhermitagegantois.com ; 224 rue de Paris ; d/ste 164-335/515-635 €, petit-déj 12/23 € ; M Mairie-de-Lille ; wifi P

Un quatre-étoiles de luxe implanté dans un hospice du XVe siècle, pour une symbiose parfaite des pierres anciennes et du design contemporain. Dans les chambres, toutes différentes, les bergères d'époque côtoient des fauteuils signés Philippe Starck.

Hors du centre-ville

Villa Hôtel Gounod

06 30 77 92 53 ; www.villahotelgounod.com ; 2 rue Gounod ; d/ste 99-145 €/165 € ; petit-déj continental 12 € ; M Saint-Maurice-Pellevoisin

Dans le quartier Saint-Maurice, à une station de métro de la gare Lille-Europe, cette villa ouvre, avec sa jumelle installée en face, l'une des plus belles rues Art nouveau de Lille. Dans un esprit chambres d'hôtes, cet hôtel trois étoiles compte 9 chambres à la déco sur mesure. Deux d'entre elles possèdent leur propre terrasse.

Roubaix

La Maison Bleue

06 08 09 38 20 ; www.lamaisonbleuederoubaix.com ; 96 rue du Grand-Chemin, Roubaix ; ch s/d/trq 89/99/150/199 €, avec petit-déj ; M Gare Jean-Lebas ou Roubaix-Grand-Place ; wifi

À 2 minutes à pied du musée La Piscine et à 20 minutes de

Lille en métro, une demeure du XIXe siècle, bleu pâle à l'extérieur et pleine de charme à l'intérieur. À mi-chemin entre la chambre d'hôtes et l'hôtel haut de gamme, La Maison Bleue comprend 2 studios, une suite avec sauna et 5 chambres aux couleurs des attractions roubaisiennes (Piscine, Manufacture, Condition Publique...) avec une grande hauteur sous plafond, parquet ancien et tout le confort (TV, bouilloire, canapé). La salle à manger, dédiée au petit-déjeuner (avec yaourts fermiers, viennoiseries et pain frais maison), donne sur le jardin. Au 2e étage, 2 studios avec kitchenette, certes peu lumineux, mais offrant l'avantage de pouvoir être indépendant. Excellent accueil.

L'Abri du Passant

03 20 11 07 62, 06 05 09 50 95 ; www.abridupassant.fr ; 14 rue Vauban, Roubaix ; s/d/tr 60-78/90-95/110 €, avec petit-déj ; M Épeule-Montesquieu ou Victor-Provo ;
Cette demeure de caractère, avec jardin, évoquant l'âge d'or du textile roubaisien, offre 4 chambres tout équipées, sobres et confortables, plus une avec toilettes sur le palier. Possibilité de prendre vos repas au 2e étage dans une cuisine réservée aux clients. Accueil décontracté et enjoué.

La Belle Histoire

03 20 26 44 26, 06 13 83 03 40 ; www.labellehistoirearoubaix.fr ; 51 bd de Cambrai, Roubaix ; s/d 65/80 €, avec petit-déj ; M Épeule-Montesquieu ou Victor-Provo
Non loin du parc Barbieux, dans une maison chaleureuse et typique du Nord. Deux chambres pimpantes et modernes en rez-de-jardin, avec kitchenette et entrée indépendante, sdb et TV. Accueil très sympathique.

Villeneuve-d'Ascq et ses environs

La Maison du Sart

03 20 72 35 04, 06 82 57 40 31 ; www.maisondusart.com ; 64 av. de Flandre, Villeneuve-d'Ascq ; s/d 67/72 €, 65/70 € à partir de 2 nuits, avec petit-déj ; M Jean-Jaurès ou Le Sart ; P
Sur le Grand Boulevard menant à Roubaix, à 2 minutes du tram, dans un cadre arboré, cette demeure familiale pleine de charme, emplie de mobilier ancien et d'objets d'art abrite 3 chambres à thème, meublées avec goût. Petits-déjeuners gourmands. Accueil charmant d'Isabelle et Mathieu Lepoutre, propriétaires de la brasserie Moulins d'Ascq (p. 139). Parking fermé et garage à vélos.

La Petite Poterie

06 66 84 69 69 ; 26 rue de la Faisanderie, Attiches ; bulle-ch sem/ven-sam

110-130/130-150 €, avec petit-déj ; P
Plus qu'insolite, cette bulle transparente, gonflée à l'air et chauffée l'hiver, plantée en pleine nature, offre le luxe d'une nuit au calme à observer les étoiles. Située à 18 km de Villeneuve-d'Ascq, cette tente futuriste avec vue sur les champs abrite un lit pour 2 personnes, une TV et une petite table. Des douches et des sanitaires sont aménagés dans une cabane de jardin à deux pas. Vous pourrez prendre le petit-déjeuner dans la bulle ou sur la terrasse attenante. Dans la ferme des propriétaires, grande chambre avec terrasse et sauna à disposition.

En coulisses

Vos réactions ?

Vos commentaires nous sont très précieux pour améliorer nos guides. Notre équipe lit vos lettres avec la plus grande attention et prend en compte vos remarques pour les prochaines mises à jour. Pour nous faire part de vos réactions, prendre connaissance de notre catalogue et vous abonner à notre newsletter, consultez notre site Internet : **www.lonelyplanet.fr**

Nous reprenons parfois des extraits de notre courrier pour les publier dans nos guides ou sites Web. Si vous ne souhaitez pas que vos commentaires soient repris ou que votre nom apparaisse, merci de nous le préciser. Notre politique en matière de confidentialité est disponible sur notre site Internet.

Alexandre Lenoir

Merci à toute l'équipe de Lonely Planet France, à Didier Férat et Dominique Bovet pour leur confiance renouvelée. Merci à Marie Barriet-Savev pour sa relecture consciencieuse. À Dominique Spaety pour son accompagnement constant. Ce guide est dédié à la mémoire d'Alain du Bel Ouvrage, parti trop tôt. Qui heureusement n'a pas emporté avec lui l'âme de ces "petits bistrots" lillois où il fait bon se réchauffer entre amis.

Crédits photographiques

Photographie de couverture : Rue colorée de Lille ; lauravr / Shutterstock ©

Photographies p. 28-29, dans le sens de l'horloge ; (haut) Nicolas Chauveau ©, (bas) Basile Vaillant ©, Nicolas Chauveau ©

À propos de cet ouvrage

Cette 7e édition du guide *Lille en quelques jours* est une création de Lonely Planet/En Voyage Éditions. Elle a été entièrement revue et réactualisée par Alexandre Lenoir. Bénédicte Houdré avait écrit la 1re édition

Direction éditoriale Didier Férat

Responsable éditorial Dominique Bovet

Coordination éditoriale Marie Barriet-Savev

Responsable prépresse Jean-Noël Doan

Maquette Laurence Tixier

Cartographie AFDEC, Martine Marmouget

Couverture Laurent Briard

Merci à Sylvie Rabuel qui a corrigé le texte, ainsi qu'à Dominique Spaety pour son aide constante.

Index

Voir aussi les index :

Se restaurer p. 166
Prendre un verre p. 167
Sortir p. 167
Shopping p. 167
Se loger p. 167

Prendre un verre

Sortir

Shopping

Se loger

Nos auteurs

Alexandre Lenoir

Pris de panique à l'idée de rester plus d'une journée au même endroit, Alexandre s'est pourtant installé à Lille, ville qui l'a vu naître il y a 46 ans. Diplômé de l'école de journalisme de Lille, il y exerce son métier de journaliste indépendant, après avoir été auteur-compositeur-interprète d'un groupe de chansons durant 15 ans. Passionné de voyages et de randos en montagne, Alexandre a toujours été convaincu qu'un bon guide de voyage ressemblait à un bel album de musique : il doit vous aider à vous évader puis, une fois ailleurs, vous tenir compagnie. Une conviction qu'il a mise en pratique pour Lonely Planet sur les titres *1 000 idées de vacances en France*, *Espagne du Nord-Ouest*, *Bassin minier et Louvre-Lens*, *Côte d'Azur*, *Ardèche-Drôme*, *Dordogne et Lot*...

Bénédicte Houdré

Bénédicte a passé d'heureuses années à Lille, où elle a, comme beaucoup, été touchée par la chaleur des gens du Nord et leur spontanéité. Elle travaille depuis plus de 20 ans pour Lonely Planet.

Lille en quelques jours
7e édition

92 avenue de France - 75013 Paris
Photographes © comme indiqué 2021
Dépôt légal Mars 2021
ISBN 978-2-81619-272-8
Imprimé par L.E.G.O. Spa (Legatoria Editoriale Giovanni Olivotto), Italie

En Voyage Éditions | un département édi8